Erfolgsfaktor Kommunikation bei Messeauftritten

Reihe Messe-, Kongress- und Eventmanagement

Stefan Luppold (Hrsg.)

Stefan Luppold (Hrsg.)

Erfolgsfaktor Kommunikation bei Messeauftritten

Verlag Wissenschaft & Praxis

Bibliografische Information der Deutschen Nationalbibliothek
Die Deutsche Nationalbibliothek verzeichnet diese Publikation in
der Deutschen Nationalbibliografie; detaillierte bibliografische Daten
sind im Internet über http://dnb.d-nb.de abrufbar.

ISBN 978-3-89673-636-9

© Verlag Wissenschaft & Praxis
Dr. Brauner GmbH 2013
Nußbaumweg 6, D-75447 Sternenfels
Tel. +49 7045 93 00 93 Fax +49 7045 93 00 94
verlagwp@t-online.de www.verlagwp.de
Druck und Bindung: Esser Druck GmbH, Bretten

Vorwort des Herausgebers

Über die Bedeutung von Messen im Kommunikations- oder, weiter gefasst, im Marketing-Mix von Unternehmen, liegen belastbare Erkenntnisse vor. Den angestrebten Erfolg bestimmen dabei verschiedene Parameter, eine Auswahl wird durch die Autoren beschrieben und anwendbar vorgestellt.

Barbara Harbecke führt in die Thematik ein und zeigt die strategischen sowie operativen Dimensionen einer Messebeteiligung auf. Sie geht auf Messe-Ziele und die notwendige Erfolgskontrolle ein.

Die Interaktion am Messestand beschreibt Michael Kolb; seine konzeptionellen Ansätze fordern zu einer wertigen wie unterhaltsamen Nutzung von Interaktions-Instrumenten auf, die beispielsweise zu Infotainment führen können.

Michael Geisser stellt, gemeinsam mit mir, die hybride Messekommunikation vor. In einer Welt, deren digitaler Kommunikationsanteil ständig wächst, können Aussteller die Wirkung durch vor- und nachgelagerte sowie parallel zur Messebeteiligung stattfindende Kommunikation erhöhen.

Einen Fokus auf Kommunikation und Social Media richten Markus Dickhardt und Helge Ruff in ihrem Beitrag. Dabei geht es unter anderem um eine vollständige Integration von Social Media sowie die Bindung nach dem Besuch einer Messe.

Bettina Timmler greift die Öffentlichkeitsarbeit rund um Messebeteiligungen auf; sie stellt dar, wie durch inhaltlich und zeitlich optimal disponierte Maßnahmen eine gezielte Wirkungsverstärkung erzeugt werden kann.

Mit einem Beitrag über das Training von Standpersonal und damit der Qualitätssicherung der „Ressource Mensch", die letztlich eine Face-to-Face-Kommunikation erst ermöglicht, erweitert Barbara Harbecke die Betrachtungen zu „Erfolgsfaktor Kommunikation bei Messe-Auftritten" um diese wichtige Dimension.

Die Ansprache aller Sinne ist eine offensichtliche Gelegenheit bei Messebeteiligungen. Ein Thema, das uns schon immer beschäftigt, jedoch im Hinblick auf ganzheitliche Kommunikation und die Möglichkeit zur Wirkungsverstärkung als insbesondere für Messen relevant gilt. Die richtige Mischung, eine optimale Dosis, das Einbeziehen aller oder das Ausklammern bestimmter Sinne verdient unsere Aufmerksamkeit. Ein vom Multisense Institut geführtes Interview liefert Anregungen zu den fünf Sinnen in der Live-Kommunikation und rundet das Spektrum der Beiträge ab.

Allen Autoren möchte ich herzlich für ihre Beiträge danken. Sie helfen mit der Bereitstellung ihres Wissens dabei, Messe-Beteiligungen in ihrer Bedeutung zu würdigen und in ihrer Wirkung zu unterstützen.

Prof. Stefan Luppold
IMKEM (Institut für Messe-, Kongress- und Eventmanagement)

Vorwort

Messen haben von allen Marketing-Instrumenten das mit Abstand breiteste Funktionsspektrum. Sie dienen der Vorstellung neuer Produkte und Dienstleistungen, dem Aufbau und der Pflege von Kundenbeziehungen, auf Messen können Unternehmen Flagge zeigen und sich am Markt positionieren, Geschäfte vorbereiten und abschließen, die Wettbewerbslage analysieren sowie Geschäftspartner und Personal suchen. Auf Messen können Sie als Aussteller mit messbarem Erfolg rechnen. Annähernd 60.000 Unternehmen in Deutschland stellen regelmäßig auf Fachmessen aus. 400 internationale und regionale deutsche Messen finden Sie in der AUMA-Messedatenbank. An internationalen Messen in Deutschland nehmen jährlich ca. 160.000 Aussteller teil, mehr als 50 % aus dem Ausland.

Auch für die über 10 Millionen Fachbesucher jährlich sind Messen interessant. 85 % der Entscheider in deutschen Unternehmen besuchen Fachmessen, und für vier Fünftel von ihnen sind die persönlichen Gespräche am Messestand sehr wichtig oder wichtig und motivieren hauptsächlich zum Messebesuch.

Wenn also millionenfache Kontakte jährlich auf Messen stattfinden und sich Aussteller und Besucher treffen, warum noch dieses Buch? Offensichtlich sind ja alle erfolgreich. Face-to-Face-Kommunikation ist nun mal der älteste Marketing-Kanal, und Geschäfte werden zwischen Menschen geschlossen. Messen entziehen sich aber einer Bewertung im klassischen Intermedienvergleich, weil auf der Messe die unmittelbare Begegnung zwischen Mensch und Exponat ohne Überbrückung durch ein Medium stattfinden kann. Das verpflichtet aber auch alle Beteiligten, insbesondere auf der Ausstellerseite, auf die Face-to-Face-Kommunikation begleitend zur Schaustellung vorbereitet zu sein und Erfolge zu kontrollieren. Dazu will dieses Buch einen Beitrag leisten.

AUMA-Untersuchungen stellen immer wieder fest, zuletzt die Trend-Befragung von 500 auf Fachmessen ausstellenden deutschen Unternehmen im Herbst 2011, wie wichtig es für den Aussteller ist, Neuheiten zu zeigen. Ebenso wissen wir von der Besucherseite, dass sie vorrangig an Neuheiten interessiert ist. Warum also kommt es immer wieder zu Schwierigkeiten bei der optimalen Ausnutzung der Messe als

Kommunikationsbühne? Gerade die Erfolgsmessung zeigt, wie schwer und gelegentlich auch schmerzhaft es ist, Wahrheiten über den tatsächlichen Kommunikationsumfang am Messestand zu ermitteln. Erfolgskontrolle im Messewesen, dies werden einige der folgenden Beiträge zeigen, nimmt auf der Agenda der Controller einen immer größeren Platz ein. Der Return on Investment für eine multifunktional aufgestellte Messebeteiligung wird im Wettbewerb der Kommunikationsinstrumente immer wichtiger. Dies ist unproblematisch, weil Messen genau diese Erfolgskontrolle ermöglichen. Dies setzt voraus, dass frühzeitig die Beteiligungsziele quantifiziert werden und auch die qualitativen Ziele für alle mit der Messebeteiligung befassten Mitarbeiter transparent gemacht werden. Nur auf der Basis einer solchen Erfolgskontrolle lassen sich heute noch die Etats für Messebeteiligungen rechtfertigen, und beim innerbetrieblichen Streit um die Kommunikations- und Marketing-Etats werden Messen, die nach wie vor mit 40 % die größte Ausgabenposition darstellen, immer erklärungsbedürftiger. Die folgenden Beiträge wollen dazu Aufklärung bieten und werden die Handhabung des Instruments Messe wieder ein Stück verbessern.

Im Vergleich zu anderen Wirtschaftszweigen und gemessen an der Bedeutung des Messewesens scheint das fachwissenschaftliche Schrifttum überschaubar – das könnte man meinen, wenn man in Universalbibliotheken sucht. Die Deutsche Messebibliothek in Berlin beim AUMA darf von sich behaupten, die gesamte Messe-Fachliteratur einschließlich wichtiger Aufsätze und Beiträge in Periodika vorzuhalten, und zeigt, wie intensiv einzelne Wissenschaftler und Experten sich bereits mit dem Messethema beschäftigt und die Potenziale einer Beteiligung sowie die Ausschöpfung dieser Potenziale herausgearbeitet haben. Das vorliegende Buch finden Sie ebenfalls in der Deutschen Messebibliothek beim AUMA. Sie sind eingeladen, sich ein Bild von dieser Einrichtung zu machen und Ihr Fachwissen vom Messewesen zu vertiefen. Auch die Untersuchungen, die der AUMA in Auftrag gibt und deren Ergebnisse er kostenlos zur Verfügung stellt, sollen einen Beitrag dazu leisten, die fachwissenschaftliche Betrachtung und die praktische Verbesserung des Messewesens voranzutreiben.

Mit der Lektüre dieses Handbuchs werden Sie wieder ein Stück weiter zum Experten. Nutzen und stärken Sie im Zeitalter von Social Media, Events und unterschiedlichen Instrumenten der Live Communication das klassische Instrument Messen! Es ist nicht nur multifunktional, lässt also die Erreichung mehrerer Marketingziele gleichzeitig zu, sondern auch multi-emotional, weil alle Aussteller mit ihren Präsentationen und auch der Veranstalter mit seinem Gesamtarrangement zur Emotionalisierung der Kommunikation beitragen. Wie die aktuellen Zukunftsstudien des AUMA zeigen, sind Messen in absehbarer Zeit nicht zu ersetzen, wenn man alles richtig macht. Viel Spaß bei der Lektüre und viel Erfolg auf dem Messeplatz Deutschland, ob als Aussteller oder Besucher!

Dr. Peter Neven
Geschäftsführer
AUMA (Ausstellungs- und Messe-Ausschuss der Deutschen Wirtschaft e. V., Berlin)

Inhalt

1 Messebeteiligung und Kommunikation – eine Einführung

von Barbara Harbecke

Messebeteiligungen erscheinen mitunter als Geheimwissenschaft, obwohl Industrie und Handel sie schon immer nutzen. Als Fachmessen sind sie Branchentreffpunkte für Insider, spielen in der Öffentlichkeit aber kaum eine Rolle. Vor allem die Investitionsgüterindustrie ist sehr daran interessiert, wenigstens hin und wieder eine Messe ganz für sich zu haben, was für Kontakte und Gespräche unter Fachleuten auch von Vorteil ist.

In der geschlossenen Gesellschaft der Fachmesse gelten Regeln und Gesetzte in Bezug auf die Kommunikation, die tatsächlich nur hier geltend. Die Fachleute eint das Interesse an Thema, Technik und Inhalt und die Abneigung gegen Finessen der Präsentation und verkäuferische Tricks.

Auf den führenden, internationalen Leitmessen in Deutschland sind die marktführenden Unternehmen einer Branche versammelt. Die Besucher dieser Messen sind Fachbesucher mit Entscheidungskompetenz, für die der Messebesuch einen besonders hohen Stellenwert innerhalb des Informations- und Beschaffungsprozesses hat. Für Aussteller und Besucher stellen die wenigen Messetage einen Höhepunkt im Marktgeschehen dar, der manchmal auch attraktiv für die Medien ist. So kann die Eröffnung einer großen Messe durchaus ein Nachrichtenthema sein und als Großereignis auch die publizistische Fachwelt interessieren.

In der Business-to-Business Kommunikation deutscher Unternehmen steht die Teilnahme an Messen und Ausstellungen ganz oben auf der Liste der Marketinginstrumente, vor dem persönlichen Verkauf über den Außendienst, vor Direktwerbung und vor der Werbung in Fachzeitschriften. Gleichauf mit der Messe ist nur die Präsenz im Internet, welche oft mit dem Messeauftritt verbunden wird. Dafür gibt es eine einfache Erklärung: Der persönliche Kontakt auf Messen eröffnet in Fachmärkten Chancen und Möglichkeiten in einer Vielfalt und Bandbreite, die von keinem anderen Instrument geleistet werden können. Eine der wichtigsten Qualitäten von Messen und Ausstellungen ist ihre Multifunktionalität. Was so abstrakt klingt, hat in der Realität einen so hohen Wert, dass auch das oft kritisch bewertete Preis-Leistungs-verhältnis als relativ moderat angesehen werden kann.

Was bedeutet Multifunktionalität konkret? Es heißt, dass ein Aussteller so viele verschiedene Ziele auf einer Messe oder Ausstellung erreichen kann, wie mit keinem anderen Instrument. Die Vielfalt der Möglichkeiten im persönlichen Kontakt mit den Besuchern eröffnen Perspektiven, Potenziale und manchmal auch ganz neue Wege in der Kundengewinnung und -pflege, in der Produkt- und Sortimentsgestaltung, in der Zusammenarbeit mit unterschiedlichsten Partnern und in der Marktkommunikation.

Messeziele von Ausstellern

Auf die Frage: „Was wollen Sie auf der Messe erreichen?" antworten Aussteller überwiegend:

① Neukunden gewinnen

② Kundenkontakte

③ Produkte, Themen, Ideen einführen/vorstellen

④ Bekannt werden – Bekanntheitsgrad steigern

⑤ Imagegewinn

⑥ Sich dem Wettbewerb stellen

⑦ Weiterbildung

⑧ Netzwerk stärken

① *Neukunden gewinnen*

Viele Aussteller beteiligen sich an Messen, da sie um den Wert der Neukundengewinnung wissen. Auf jeder Messe gibt es einen hohen Anteil an Erstbesuchern – interessanterweise auch auf den gut etablierten Messen. Die starke Ausstrahlung internationaler Messen in ausländische Märkte ermöglicht auch in Deutschland den Markteinstieg in den Export. Die Erstkontakte dazu werden häufig auf den Fachveranstaltungen geknüpft. Auch bei den eigenen Kunden gibt es bei personellen Veränderungen Chancen für neue Kontakte. Aber auch Kunden der Wettbewerber können zu Neukunden werden.

② Kundenkontakte

Der Kontakt mit Kunden auf der Messe bietet vor allem die Möglichkeit, sich als Gastgeber von seiner besten Seite zu präsentieren, die Leistungsfähigkeit des gesamten Unternehmens zu zeigen und die Angebotskompetenz mit der persönlichen Kompetenz als Gesprächspartner zu verbinden. Das Wettbewerbsumfeld steigert diesen Wert noch einmal, denn Messebesucher sind in einem für sie relativ neutralen Umfeld unterwegs, um sich zu informieren, einen Überblick zu verschaffen oder Einkaufsentscheidungen vorzubereiten. Diese Interessenlage öffnet sie für Gespräche mit ihren Lieferanten, denn sie sind Fixpunkte auf dem Weg über eine Messe. Kundenkontakte werde bevorzugt genutzt, um neue Themen, neue Angebote, Projekte und neue Produkte vorzustellen. Gleichzeitig wird die Kundenbindung gestärkt.

③ Produkte, Themen, Ideen einführen

Hierbei handelt es sich um klassische Messeziele, da sich alle Kontakte und Gespräche um die Ausstellungsgüter drehen. Mit den Innovationen werden im Markt die Themen besetzt und gleichzeitig Absatzchancen getestet. Und da Messen schon immer die Orte für Neuheiten waren und in erster Linie mit der Motivation besucht werden, schnell und vollständig über das Neueste auf dem Markt informiert zu werden, sind sie die ersten Orte für Produkteinführungen.

④ Bekannt werden – Bekanntheitsgrad steigern

Die Präsentation von Innovationen auf der Messe bietet allen Unternehmen im Markt eine ideale Basis dafür, gesehen, erkannt und wiedererkannt zu werden. Da es auf einer Messe keine Streuverluste gibt und die Besucher auch als Multiplikatoren unterwegs sind und auch interessierte Fachmedien auf der Suche nach attraktiven Themen für die Berichterstattung sind, ist dies nicht nur ein ehrgeiziges, sondern auch ein realistisches Messeziel.

⑤ *Imagegewinn*

Der Nutzen einer Messe liegt für die Imagebildung in der völligen Gestaltungsfreiheit des Auftrittes und in der Sicherheit der Resonanz. Wie für das Image ist auch für die Markenbildung die emotionale Ansprache besonders wichtig. Emotionaler als eine Messe kann kaum ein Ort sein, denn hier werden immer alle Sinne der Besucher angesprochen: sehen, wie etwas funktioniert, hören, ob und wie es zum Thema passt, fühlen, welche Qualität es hat, riechen und schmecken. Diese Sinne mit der Präsentation anzusprechen, ist die Herausforderung für Aussteller. Damit ist die sinnliche Ansprache auf der Messe eine gute Chance für Aussteller, die gewünschten Besucher unmittelbar und ganz direkt zu erreichen.

⑥ *Sich dem Wettbewerb stellen*

Die Präsentation im Wettbewerb eröffnet einen besonderen Blick auf das eigene Angebot. Natürlich fördert der Wettbewerb das Bestreben und den Ehrgeiz, sich besonders gut selbst darzustellen. Aber er bietet auch die Chance, Stärken und Schwächen genauer zu erkennen, die eigenen Strategien zu überprüfen und Verbesserungspotenziale zu erschließen.

⑦ *Weiterbildung*

Vielfach wird die Messe für die Weiterbildung genutzt: für die persönliche Weiterbildung, für die Weiterbildung der Mitarbeiter etwa durch Anmeldung und Teilnahme an Vorträgen und Kongressen, oder auch zur Auffrischung und Vertiefung der Fachkenntnisse durch die präsentierten Neuheiten und neuen Anwendungen. In einem nicht so unmittelbaren Zusammenhang wird die Messe auch für die Weiterbildung im beruflichen Sinne genutzt, zur Recherche bei der Berufsfindung oder zur beruflichen Neuorientierung. Die wachsenden Rahmenprogramme geben ein deutliches Signal in Richtung Weiterbildung, denn es gibt ein immer größeres Angebot an „neutralen" Vorträgen, Praxisbeispielen und Diskussionsrunden außerhalb der Messestände.

⑧ Netzwerk stärken

Schließlich werden Messen genutzt, um das Netzwerk zu stärken – einfach, schnell und zielorientiert: einfach, weil alle Akteure versammelt und leicht erreichbar sind, schnell, weil es kurze Wege gibt (auch in einem weitläufigen Messeareal) und zielorientiert, weil jeder selbst bestimmen kann, wen er/sie mit welchem Thema wo und zu welcher Zeit treffen kann. Die einzige Einschränkung liegt darin, dass niemand gleichzeitig an zwei Orten sein kann.

Die Erreichbarkeit von Messezielen durch Messeplanung

Messeerfolg ist etwas vereinfacht formuliert, die Anzahl und Qualität der geführten Gespräche und wird in der Nacharbeit realisiert. So kann am Ende eines Messeauftritts das Ergebnis nur vorläufig sein, denn in der Nacharbeit liegt das eigentliche Potenzial des Erfolges.

Der Erfolg eines Messeauftritts ist leicht zu ermitteln, wenn nicht nur die Ziele fixiert, sondern auch quantifiziert werden. Wenn also vorher festgelegt wird, welche Ziele in welchem Umfang erreicht werden sollen. Da alle Ziele immer auf die gleiche Weise, nämlich über persönliche Gespräche erreicht werden, gilt es ein System zu entwickeln, das zuverlässig die Gesprächsergebnisse dokumentiert und damit die Nacharbeit ermöglicht.

Wie aber lassen sich Messeziele in Gesprächsziele übertragen? – Und wie lassen sich Gesprächsziele quantifizieren? Dies sind Themen für die Vorbereitung des Standpersonals. Es gilt, alle Messeziele als Gesprächsziele zu formulieren und für jedes Ziel und jeden Mitarbeiter am Stand eine zu erreichende Qualität und Anzahl von Kontakten zu ermitteln.

Messeplanung Aussteller

Mit den Messezielen werden die wichtigsten Weichen für den Messeauftritt gestellt. Aus ihnen leiten sich alle weiteren Schritte ab und sollten entsprechend immer wieder auf die Zielsetzung zurückzuführen sein.

Besondere Anforderungen an die Planung stellt die Frage nach der besten Messe für ein Unternehmen. Wichtigstes Entscheidungskriterium sind die Besucher einer Messe, denn sie stellen die zu erreichende Zielgruppe dar. Daher ist die gründliche Beschäftigung mit den Besucherstrukturdaten für eine solide Planung unerlässlich.

Messen sind komplexe Projekte mit verschiedenen Aufgaben und Aktivitäten, die geplant und gesteuert werden müssen. Je mehr Unternehmensbereiche, Dienstleister und eigenes Personal eingebunden sind, umso wichtiger ist ein entsprechendes Projektmanagement.

1. Strategische Messeplanung

Aktivitäten	Ressourcen	Zeitplan
a) Messekonzept mit Messezielen	Geschäftsführung, Produktmanager, Marketing, Vertrieb, Messekoordinator/in	1 Jahr vorher
b) Besucherzielgruppen und Messemarktanalyse		
c) Messethemen/-exponate		
d) Budget		

a) Messekonzept mit Messezielen

Die Multifunktionalität einer Messe hat auch eine Kehrseite, denn erfahrungsgemäß können nie alle Ziele gleichzeitig und gleichmäßig erreicht werden. Also gilt es, bei der Fixierung des Messekonzeptes Entscheidungen zu treffen, die sich aus den Unternehmenszielen, den Produkt-, den Preis- und Kommunikationszielen des Unternehmens ableiten. Als Ergebnis werden Messeziele formuliert, die in Gesprächsziele für das Standpersonal übersetzt werden. Für alle qualifizierten Gesprächsziele, etwa zu einer Markteinführung, werden die dazu gehörigen Mengenziele verabredet. In dieser Weise entsteht ein Raster mit unterschiedlichen Messezielen, die gewichtet werden, damit alle Mitarbeiter selbst sehen und erleben können, wo sie stehen. Die Berechnungsgrundlage für die Anzahl möglicher Kontakte ist die Gesprächsdauer und das erwartete Besucheraufkommen. Die Bandbreite ist extrem hoch und geht von einem qualifizierten Kontakt auf einer Messe bis zur Größe von 15 bis 25 Kontakten pro Person und Tag.

b) Besucherzielgruppen definieren, Messemarkt analysieren

Wichtigstes Entscheidungskriterium für die Beschickung einer Messe sind die Besucher eben dieser Messe. Und da alle Messen Unikate sind, bleibt als Orientierung für diese wichtigste Information die Besucherstruktur der Vorveranstaltung, die von den Messeveranstaltern ermittelt und dokumentiert wird. Die Besucherstruktur wird nach den Regeln von FKM (Freiwillige Kontrolle von Messe- und Ausstellungszahlen) erhoben, um die hohen Qualitätsstandards deutscher Messen zu sichern und natürlich auch, um Ausstellern Daten zur Verfügung zu stellen, mit denen sie arbeiten können. Die Besucher werden während der Messe nach dem Zufallsprinzip angesprochen und gebeten, ihr Profil abzugeben. Dies geschieht entweder in Form eines Interviews oder an einem Tablett/einer Eingabetastatur. Aus diesen Angaben entsteht die Besucherstruktur, die in Datenform oder häufig auch als Grafik für die Planung der Aussteller zur Verfügung steht.

Diese Informationen werden abgefragt:

1. Anteil der Fachbesucher

2. Regionale Herkunft: Inland

3. Regionale Herkunft: Ausland

4. Wirtschaftszweige

5. Einfluss bei Einkaufs- und Beschaffungsentscheidungen

6. Berufliche Stellung

7. Aufgabenbereich

8. Häufigkeit des Messebesuchs

9. Betriebsgröße

10. Aufenthaltsdauer

Für die Auswahl geeigneter Messen liefert die Besucherstruktur den wichtigsten Beitrag. Da jedoch bei einer Messe auch die Optik und das Erlebnis zählen, ist der persönliche Eindruck eines Messebesuches der

zweite wichtige Baustein. Dies gilt in besonderer Weise für Auslands-
messen, denn die hohen deutschen Informationsstandards gelten keineswegs weltweit.

Wichtigste Informationsquellen sind Veranstalter, FKM und AUMA,
Branchen-Verbände sowie Messedatenbanken, wie etwa die des m + a
Verlages. Da Messen auch besondere Medienereignisse sind, berichten
Fachzeitschriften üblicherweise sehr ausführlich über die Neuheiten
und das Messegeschehen und sind damit nützliche Instrumente für die
Messemarktbeobachtung.

In der Praxis ist für die Entscheidung, auf welche Messe ein Unternehmen geht, auch die Frage wichtig, wer dort ausstellt, ob z.B. die
Marktführer einzeln oder komplett versammelt sind. Manchmal entscheiden auch die Kunden darüber, wo ein Unternehmen ausstellt. Inzwischen melden sich auch Unternehmen zu Messen an, die ihre Be-
stellungen über das Internet erhalten und wenige Informationen über
ihre Kunden haben. Die Medienwirkung und die Werbung der Veranstalter, die Attraktivität des Veranstaltungsortes, das Hotelangebot und
touristische Höhepunkte runden das Entscheidungsspektrum ab.

c) Messethemen fixieren – Exponate auswählen

Aus Besucherbefragungen ergeben sich Konsequenzen für die Auswahl
der Exponate: Fachbesucher erwarten von einer Messe einen Überblick über die Neuheiten auf dem Markt und die Chance, Angebote
von Wettbewerbern prüfen zu können. Entsprechend begrenzt sollte
also die Auswahl der Exponate auf Neuheiten/Innovationen sein. Das
hat zwei entscheidende Vorteile: Erstens grenzt die Auswahl den
Platzbedarf ein, was Auswirkungen auf die Kosten des Ausstellers hat;
zweitens schafft eine kundenorientierte Auswahl von Exponaten einen
besseren Überblick für die Besucher, die durch Schwerpunktsetzung
thematisch geführt werden.

Mit den Exponaten werden die Gesprächsinhalte bestimmt. Und über
Neuheiten/Innovationen können Aussteller sowohl mit Kunden, als
auch mit Interessenten oder Medienvertretern sprechen. Wegen der
besonderen Wirkung der Exponate müssen die Auswahl und die Art
der Präsentation gut überlegt sein. Je lebendiger und attraktiver etwas
gezeigt wird, umso größer ist die Chance, auch die gewünschten Be-

sucher zu erreichen. Exponate als Blickfang einzusetzen, sie in Aktion oder in Funktion zu zeigen oder sie gar erlebbar zu machen, gehört zu den Erfolgsgeheimnissen von Messeauftritten. Wie bei der Plakatwerbung gelten die Grundsätze von Einfachheit und Konzentration auf das Wesentliche. Denn auch auf der Messe folgen die Besucher ihrer eigenen Wahrnehmung. Erklärungsbedürftige Angebote können einfach visualisiert werden oder brauchen zusätzlich personelle Unterstützung, etwa durch einen Moderator oder Infotainer.

d) Messebudget

Die Kostenfaktoren einer Messe sind überschaubar und abhängig von der Wirkung, die erzielt werden soll. Insofern gibt es einen Zusammenhang von Exponatgröße, Standgröße, Personenzahl Standteam und Besucher und Markenbildung mittels Standbau, Design und Atmosphäre, die hergestellt werden soll. Einfache, funktionale Messestände fordern keineswegs besonders hohe Investitionen. Die Kosten im Einzelnen:

1. Standmiete und Betriebskosten für Strom, Wasser, Datenleitungen, Telefon usw.

2. Standbau flexibel vom Basispaket bis zum aufwändigen, konventionellen Messestand

3. Exponate, sofern sie für die Messe erstellt werden

4. Kommunikation zur Messe: Besucherwerbung, Presse und Events

5. Personal am Stand, Externe, Reisekosten, Unterkunft, Verpflegung

Um einen sofortigen Überblick über den Nutzen und die Kosten für einen Messeauftritt zu erhalten, hat der AUMA den Messe-Nutzen-Check[1] entwickelt, der einfach und übersichtlich ist.

---

[1] www.auma.de

2. Operative Messeplanung

Aktivitäten	Ressourcen	Zeitplan
a) Platzierung und Services beim Veranstalter	Messekoordinator/in und/oder Standbauunternehmen	1 Jahr vorher
b) Standbau planen	Messekoordinator/in Standbauunternehmen	9 Monate vorher
c) Exponate auswählen	Geschäftsführung, Produktmanager, Marketing, Vertrieb, Messekoordinator/in	6 Monate vorher
d) Besucherwerbung planen	Messekoordinator/in, Agentur (und Standbau-unternehmen)	6 Monate vorher
e) Presseaktivitäten planen	Messekoordinator/in, Agentur und Pressever-antwortliche auf der Mes-se	6 Monate vorher
f) Vorbereitung Standpersonal	Messekoordinator/in, Trainer/in	4 Wochen vorher

a) Platzierung und Services beim Veranstalter

Ein wesentlicher Erfolgsfaktor für Aussteller ist die Platzierung, vor allem dann, wenn für den Messeerfolg ein hohes Besucheraufkommen erforderlich ist, die Nähe/Ferne zu den Marktführern von besonderer Bedeutung ist oder die Laufgewohnheiten der Besucher sehr traditionell sind. Insofern sollte es für jeden Aussteller einen optimalen Platz geben. Da allerdings jeder Platz nur einmal vergeben werden kann, sind hier Kompromissbereitschaft, Ausdauer und Geduld sowie ein gewisses Beharrungsvermögen gefragt. Auch ein guter persönlicher Kontakt zum Veranstalter, der daran interessiert ist, Kundenwünsche zu erfüllen, ist vorteilhaft.

Mit der Platzierung werden die Services der Veranstalter angeboten, die immer einer genauen Prüfung wert sind. Viele Services sind in der Standmiete enthalten, werden aber nicht so genutzt, wie sie gedacht sind. Die kostenpflichtigen Zusatzservices wie Werbung, Standbaupakete und Medienleistungen haben den Vorteil, dass sie aus einer Hand vor Ort bestellt und genutzt werden können, mit Ansprechpartnern im Gelände.

b) Standbau planen

Die Standbaubranche in Deutschland genießt ein hohes Ansehen und hat eine entsprechende Ausstrahlung in die internationale Messewelt. Die Bandbreite an Materialien und Gestaltungselementen, der hohe Anspruch an Architektur und Design zeugen von der Professionalität dieser Dienstleistungsbranche. Der Fachverband FAMAB lobt jährlich Preise für die besten Messeauftritte aus, um die Leistungsfähigkeit und Kreativität der Standbauunternehmen zu würdigen.

Die Gestaltung des Messestandes ist nicht nur eine Frage des Budgets, sondern vor allem eine Frage von Ideen und Kreativität. Die Grundge-staltung des Standes sollte der Wahrnehmung der Besucher folgen, denn sie brauchen einen Blickfang, um überhaupt auf ein Angebot aufmerksam zu werden. Sie bevorzugen eine Standgestaltung, die ihnen schnell, einfach und leicht vermittelt, worum es thematisch geht und wer das Ausstellerunternehmen ist. Dass Markenunternehmen es leichter haben, auf sich aufmerksam zu machen, als neue, junge und kleine Unternehmen, versteht sich von selbst. Aber Markenunterneh-men haben auch die Pflicht in der Präsentationslinie zu bleiben, wäh-rend Erstaussteller größere Freiheiten haben, sich zu zeigen. Ob ein Messestand eher offen oder geschlossen gebaut wird, ist abhängig von der Zielsetzung. Offene Stände laden viele Interessenten ein, geschlos-sene bieten eine ruhige Atmosphäre für spezielle Besucher. Ob und welche Funktionsräume auf dem Stand benötigt werden, entscheiden ebenfalls die Messeziele. Immer wird ein Präsentations- und Kommu-nikationsraum gebraucht, nur im Bewirtungsfall sind entsprechende Möblierung und Versorgung mit Speisen und Getränken erforderlich. Büroraum, Lager, Garderobe, Besprechungsraum sind zielabhängig und stehen in engem Zusammenhang mit der Größe des Standteams und der zu erwartenden Besucherzahl.

Für die Besucherführung, die Dauer und Intensität der Gespräche mit den Besuchern sorgt die Möblierung im Stand. Stehtische schaffen Raum für kurze Gespräche. Sitzecken, Tische und Besprechungsräume ermöglichen intensive Gespräche, die länger dauern. Auch das ist eine Frage der Messeziele.

Ein wesentlicher Pluspunkt für die Optik und Wiedererkennung ist ein Messestand im Corporate Design des Unternehmens. Und das wichtigste Gestaltungselement des Messestandes ist das Licht. Licht schafft Aufmerksamkeit und Atmosphäre, daher ist Lichtplanung zu Recht ein eigenes Thema der Standgestaltung. So wie inzwischen auch die Beduftung und Beschallung von Messeständen nicht mehr ungewöhnlich ist.

c) Exponate auswählen

Die Exponate sind Blickfang, Attraktion und Anlass für Gesprächseinstiege. Sie nach strategischen Gesichtspunkten auszuwählen ist unerlässlich. Aber sie werden auch aus kommunikativer Sicht gewählt und präsentiert. Daher sollten sie der Reizorientierung der Besucher folgen. Messebesucher stimmen mit den Füßen ab, sie bleiben stehen oder gehen weiter. Gestalterisch sollten Exponate organisch in den Messestand eingebaut werden.

d) Besucherwerbung planen

Hauptgrund für die Messebeschickung sind die dort anwesenden Besucher. Das kann zu der Annahme führen, sie alle kämen ganz ohne zusätzliche Aktivitäten auch auf jeden Messestand. Je mehr Aussteller sich auf einer Messe versammeln, je größer und bedeutender eine Messe ist, umso intensiver sollten Aussteller darüber nachdenken, wie sie die gewünschten Besucher auch tatsächlich auf ihren Stand bekommen. Wie informieren sich Besucher über das Angebot auf der Messe? Die Homepage des Veranstalters bietet die schnellste und umfangreichste Recherchemöglichkeit und ist damit natürlich auch die erste Adresse für die Besucherwerbung der Aussteller.

Viele Veranstalter bieten inzwischen dauerhafte Medienpräsenz, um ihren Marktcharakter auch zwischen den Messen abzubilden. Sie werden damit ihrer Funktion als Branchentreffpunkt auch ohne physische Anwesenheit gerecht. In den Fachforen und Blogs im Internet werden die Messethemen vorbereitet, Diskussionen angestoßen und begleitet und ergänzen somit das Angebot der Kommunikationskanäle.

Das Vorgängermedium zur Internet-Information ist der klassische Katalog. Für die Fachbesucher ist der Katalog nach wie vor eine wichtige Informationsquelle, sowohl in Papierform als auch elektronisch, und ist daher eine weitere interessante Werbemöglichkeit für Aussteller.

Traditioneller ist die Information über die Fachmedien wie Fachzeitschriften, inzwischen auch mit entsprechender Präsenz im Internet. Wenn es um die Besucherwerbung geht und in den Fachmedien Anzeigen geschaltet werden, ist eine messespezifische Anzeige fast zwingend. Es werden aber zu einzelnen Messen auch gesondert Anzeigen geschaltet, die auf die Messepräsenz hinweisen.

Die populärste Art der Besuchergewinnung ist jedoch eindeutig die Direktwerbung der Aussteller, also die persönliche Einladung an die gewünschten Gäste. Dies stellt kein Problem beim Messeziel Kundenpflege dar, denn dafür gibt es in der Regel einen Verteiler. Anders sieht die Sache für das Messeziel Neukundengewinnung aus, denn dafür fehlen die Ansprechpartner mit Adresse. Und hier beginnt der wichtigste Prozess für den Messeerfolg, wenn es um Neukunden und potenzielle Kunden geht. Denn um die Mühe der Recherche, die selbst betrieben oder delegiert wird, kommt kein Aussteller herum. Eine Mühe, die sich allerdings immer lohnt, denn an dieser Stelle ist ein Messeauftritt in erster Linie ein Ereignis im Prozess der Neukundengewinnung.

Messeveranstaltern wissen um die Bedeutung der persönlichen Einladung durch die Aussteller. Besucherbefragungen haben gezeigt, dass die persönliche Einladung eines Ausstellers der wichtigste Anstoß zum Besuch einer Messe ist. Deshalb gibt es kostenlose Werbemittel, wie fertige Einladungskarten, -briefe, -faxe und E-Mail-Vorlagen in nahezu unbegrenzter Anzahl oder Besucherkurzinformationen, Anfahrtspläne, Geländepläne und weitere Services. Dazu gehören auch Siegelmarken, die in großer Zahl vor den Messen eingesetzt werden. Plakate werden in hohen Auflagen gedruckt und werben z.B. in den Empfangsräumen und Filialen der Ausstellerunternehmen für die Messe. Kostenpflichtig sind zusätzliche Leistungen, etwa ein individueller Eindruck in den Siegelmarken. Auch an Kunden verteilte Gutscheine sind für die Aussteller, wenn sie eingelöst werden, kostenpflichtig.

Persönliche Einladungen werden als Briefe oder E-Mails verschickt, mit Eintrittsgutscheinen, mit werblichem Verstärker und mit der Möglichkeit einer Terminreservierung vor Ort. Sie sind kurz und prägnant, sie wecken Interesse und Aufmerksamkeit und sie sorgen für eine gleichmäßige Besucherfrequenz am Stand.

Für die Besuchergewinnung während der Messe gibt es Ansprachemöglichkeiten vor Ort, also an den Verkehrsknotenpunkten und auf den Wegen für Reisende mit Flugzeug, Zug oder Auto. Über Banner, Pylone, Litfasssäulen, Plakate, Promotion-Kräfte, den Hörfunk bis zum Heißluftballon. Im Gelände lassen sich vielfältige Werbemöglichkeiten erschließen, die eine direkte Ansprache der Besucher möglich machen und sämtlich beim Veranstalter zu buchen sind.

Um während der Messe Besucher anzuziehen, die nicht eingeladen oder anderweitig erreicht werden konnten, gibt es ebenfalls eine Reihe von Möglichkeiten. Sie beginnen mit der attraktiven Standpräsentation, zeitlich begrenzten Aktionen oder Events, die regelmäßig wiederholt werden, und finden ihren kreativen Ausdruck im Ideenreichtum, mit dem der Präsentation Leben eingehaucht wird. Alles, was sich bewegt, was einlädt, mitzumachen oder auszuprobieren, was über die reine Darstellung hinausgeht, nutzt diesem Ziel.

e) Presseaktivitäten planen

Für die Presse ist die Messe ebenfalls, wie für die Branche, ein ganz besonderes Ereignis. Nirgendwo sonst gibt es so viele Neuheiten und Branchenpersönlichkeiten in so kurzer Zeit auf so engem Raum wie bei einer Messe. Also kann davon ausgegangen werden, dass sich Fach- und Branchenpresse, aber auch Wirtschafts- und Tagespresse vollständig auf einer Messe versammeln.

Ihre Medienwirkung zu nutzen, sollte eines der übergreifenden Ziele aller Aussteller sein. Das heißt, dass rechtzeitig Journalisten informiert und zu Gesprächen und vielleicht sogar zu einer Pressekonferenz eingeladen werden; dass für eben diese Journalisten Ansprechpartner am Stand sind; dass die vorgestellten Neuheiten als Presseinformationen vorhanden sind.

Um die Berichterstattung vor einer Messe zu fördern, bieten Veranstalter ihren Ausstellern Unterstützung an. Pressefächer auf der Messe ergänzen die elektronischen Pressefächer, die schon vor dem Ereignis von den Journalisten genutzt werden. Die Belieferung des Neuheitenberichts für Journalisten gehört zum Pflichtprogramm für Aussteller.

Die Multiplikation durch die Presse sorgt nachhaltig für den Bekanntheitsgrad und das Image eines Ausstellerunternehmens.

f) Vorbereitung des Standteams

Wichtigster Erfolgsträger einer Messe ist das Standteam. Denn wenn es um den persönlichen Kontakt geht, wird dieser von den Menschen am Stand hergestellt. Eine Vorbereitung des Standteams ist immer dann erforderlich, wenn ein neues Team zusammenarbeitet und gemeinsam bestimmte Ziele zu erreichen hat.

Die Zusammensetzung des Messeteams folgt den Zielen und den daraus abgeleiteten Anforderungen an die Mitarbeiter, sowie deren Funktion und Qualifikation. Da es in der Regel um Ziele im Kundenkontakt geht, ist die Messe der erste Ort für den Außendienst. Ergänzt wird dieser von Spezialisten des Innendienstes, von Servicekräften am Empfang, in der Besucherführung und in der Bewirtung und Versorgung mit Nachschub. Gut organisierte Aussteller haben auch Bürokräfte am Stand, um die Dokumentation der Gespräche sicherzustellen und die Nacharbeit bereits während der Messe zu gewährleisten. Immer sollte die Geschäftsführung dabei sein, denn Messebesucher bevorzugen Gesprächspartner derselben Hierarchieebene. Und wenn aus der Besucherstruktur hervorgeht, dass überwiegend Entscheider auf einer Messe sind, sollten diese auch ihre richtigen Ansprechpartner finden.

Hinzu kommt, dass die gemeinsame Arbeit am Messestand nicht nur die Verbindung zu den Besuchern herstellt, sondern auch die Zusammenarbeit im eigenen Unternehmen fördert. Eine Messe ist ein ausgezeichneter Ort, um als Führungskraft zu zeigen, wie kundenorientiert der Umgang mit den Besuchern sein soll.

Die wichtigste Qualifikation der Standmitarbeiter ist ihre Kontaktfreude, sowie ihre Fähigkeit, Fachinformationen bedarfsgerecht zu vermitteln. Gefragt ist also nicht formvollendetes Präsentationsgeschick, sondern die Fähigkeit in echte Interaktion zu treten – sich für die Besucher und ihre Fragen, Anmerkungen und Wünsche zu interessieren, sich zurücknehmen zu können, um Besuchern Raum und Gelegenheit zur

Darstellung ihrer Sicht zu geben. Messegespräche zu führen, die diesem Anspruch gerecht werden und dennoch nicht stundenlang dauern, ist wohl die große Kunst der Kommunikation am Stand.

Die größte Hürde dorthin stellt der Anfang dar. Wie werden Messebesucher so angesprochen, dass sie gerne stehen bleiben, dass sie aufmerksam und nicht nur höflich sind, dass sie das Gesprächsangebot gerne annehmen und auch bereit sind, Auskunft über sich zu geben – wer sie sind, woher sie kommen, wofür sie sich interessieren, in welcher Funktion und Rolle sie auf der Messe sind? Diese Fragestellungen sollten vor einer Messe im Team besprochen werden. Ebenso sollte auf die Arbeitsteilung am Stand und die Wünsche nach bestimmten Gesprächspartnern eingegangen sowie Verabredungen zum Umgang mit schwierigen Situationen getroffen werden.

Auch Fragen zur Dokumentation der Gespräche müssen geklärt werden. Wann werden Notizen gemacht? Während des Gesprächs oder danach? Ist es realistisch, nach einem Gespräch erst zu schreiben? Kommen dann nicht vielleicht schon die nächsten Besucher? Wird nicht der größte Teil vergessen, wenn er nicht gleich notiert wird? Was denken Messebesucher über Gespräche, die nicht sofort notiert werden? Was geschieht mit den Besucherberichten? Wo werden sie gesammelt, wann besprochen oder weitergeleitet? Wer ist für den nächsten Schritt verantwortlich?

Ergänzt werden diese Vorbereitungen durch Verabredungen zum persönlichen Auftreten und Verhalten – von der Messekleidung über freundliche und aufmerksame Präsenz bis zum Umgang mit Körpersprache und Fitness.

3. Messeaufbau

Aktivitäten	Ressourcen	Zeitplan
Stand, Exponate, Infrastruktur	Messekoordinator/in, Standbauunternehmen	2 Wochen bis 1 Tag vorher

Je nach Aufwand, Größe und Ausstattung bedarf der Aufbau des Messestandes eines sehr guten und vollständigen Plans, eines erfahrenen Bauteams und der Abstimmung mit dem Veranstalter. Dieser gibt die wesentlichen Informationen und Regeln vor und ist auch vor Ort erster

Ansprechpartner. Von einem Komplettstand, der schnell aufgestellt ist, bis zu einem mehrstöckigen Stand mit Hightech-Ausstattung reicht das Spektrum. Entsprechend viel oder wenig Zeit ist einzuplanen und möglichst auch einzuhalten.

4. Durchführung

Aktivitäten	Ressourcen	Zeitplan
a) Pressegespräche einplanen	Presseverantwortliche/r	1. Messetag
b) Auswertungsgespräche	Standleiter/in	täglich während der Messe
c) Teammotivation	Standleiter/in	

a) Pressegespräche einplanen

Klassische Pressetermine sind der Vortag (oder die Vortage) und der erste Messetag. Zu Beginn der Messe gibt es Gelegenheiten für Pressekonferenzen und offizielle Erklärungen – allerdings nach dem Prinzip der frühen Anmeldung und Koordination mit dem Messeveranstalter. Für Gespräche mit der Presse bieten sich jede Menge weitere Gelegenheiten an allen Messetragen. Und tatsächlich wird mit wachsender Medienpräsenz auf Messen auch das Interesse an Hintergrundinformationen, exklusiven Interviews und schneller Berichterstattung immer größer. Für Aussteller bedeutet es, sich vorzubereiten auf Mikrofone und Kameras, die ganz unerwartet und unverhofft vor ihnen stehen.

b) Auswertungsgespräche

Damit die umfangreichen Vorbereitungen auch auf der Messe Früchte tragen, gilt es, den Ablauf, soweit dies möglich ist, zu planen. Fixpunkte sind etwa die morgendliche Teambesprechung und/oder abendliche Rückschau auf den Messetag. Es hat sich bewährt, eine Messe täglich zu betrachten, das Besucheraufkommen zu bewerten, die Gespräche zu analysieren und zu qualifizieren, den Wettbewerb im Blick zu haben, ebenso wie den eigenen Stand. Hier lassen sich die Eindrücke und Erfahrungen des Tages zusammenfassen und damit sie nicht allzu flüchtig sind, sollten sie schriftlich festgehalten werden.

Pressekontakte zur Tagespresse finden aus Gründen der Aktualität immer vor der Messe oder am ersten Tag statt. Die Fachpresse nutzt in der Regel die gesamte Laufzeit für ihre Recherchearbeit.

c) Teammotivation

Das Messeteam braucht Rituale für die Zusammenarbeit, z.B. ein gemeinsames Abendessen am Vormessetag als Auftakt, ein Event für die Mitarbeiter während der Messe, das sie für ihren Einsatz belohnt oder kleine Aufmerksamkeiten morgens oder abends, die ihr Engagement würdigen. Der Teamgeist am Stand schafft die persönliche Ausstrahlung eines Ausstellerunternehmens. Und so wie die Mitarbeiter behandelt werden, so gehen sie auch mit ihren Gästen um.

Zuletzt sind es dann auch die Mitglieder des Standteams, die den gesamten Messeauftritt bewerten. Sowohl die Erfolge, als auch Mängel oder Schwachstellen sollten von allen Mitarbeitern erfragt und genannt werden.

Am Ende des letzten Messetages ist der Zeitpunkt für ein erstes Resümee zum vermuteten Ergebnis gekommen. Und der Auftakt zur Nacharbeit.

5. Rückbau

Aktivitäten	Ressourcen	Zeitplan
Rückbau	Messekoordinator/in, Standbauunternehmen	letzter Messetag ab 18:00 Uhr
Infrastruktur, Exponate, Stand	Standleiter/in Messekoordinator/in	1-3 Tage nach der Messe

Für das Standteam endet die Messe am letzten Tag. Oft ist das schon der Beginn des Rückbaus, analog zum Aufbau.

6. Messenacharbeit

Aktivitäten	Ressourcen	Zeitplan
Messenacharbeit	Standleiter/in, Vertriebsleiter/in	bis 2 Wochen nach der Messe

Nach der Messe die Versprechen einzuhalten und zu tun, was ange-kündigt wurde, ist der wichtigste Schritt in der Realisierung des Messe-erfolges. Das klingt einfacher, als es in der Praxis oft ist. Denn nun wirkt ein Faktor, der während des Gespräches noch keine große Rolle spielte: Wie ernst ist das Interesse auf beiden Seiten? Wie überzeugend war das Angebot im Gespräch? Und welche Einflüsse wirken in wel-cher Weise tatsächlich nach?

Dagegen ist die Frage, wer für den weiteren Kontakt verantwortlich ist, eine pragmatische Frage, die leicht zu beantworten ist. Und auch diese Frage führt oft genug dazu, dass sich für die Nacharbeit der Messekon-takte im Zweifelsfall niemand wirklich verantwortlich fühlt und des-halb an dieser entscheidenden Stelle nicht annähernd das realisiert wird, was als Chance auf der Messe gegeben war.

Ideal wäre eine sofortige Nacharbeit, ganz persönlich, so wie das Ge-spräch in Bezug auf die Inhalte und Besonderheiten, wie sie bespro-chen wurden, persönlich war – keine Serienbriefe, nichts Standardi-siertes, sondern lauter Unikate. Wenn alle Gespräche auf diese Weise nachgearbeitet würden, bräuchte man dafür noch einmal etwa so lan-ge wie die Messe dauerte und verantwortlich wären immer die Ge-sprächsführer. Und da Ideale Utopien sind, wird es auch in Zukunft im Nachgang einer Messe Serienbriefe mit Prospekten oder pdfs geben, nicht besonders persönlich, nicht besonders originell, aber besser als nichts.

Diskussionen entstehen immer wieder bei der Frage nach der Ge-schwindigkeit der Nacharbeit. Die grundsätzliche Orientierung folgt der eigenen Gewichtung, nach der zuerst bearbeitet wird, was für das Ausstellerunternehmen als erfolgversprechend bewertet wird. Ganz unbedeutend ist die Zeit, die es dauert, bis ein Messekontakt nachbe-arbeitet wird aber doch nicht. Schließlich ist das die Aussage über die Verlässlichkeit eines Versprechens. So, wie es eingehalten wird, gestal-ten sich auch der Kontakt und die Zusammenarbeit, wenn sie denn zu-stande kommen.

7. Messeerfolgskontrolle

Aktivitäten	Ressourcen	Zeitplan
Messeerfolgskontrolle	Vertriebsleiter/in Marketing und Messekoordinator/in	am Ende der Messe, nach 4 Wochen, nach 3 Monaten, nach 6 Monaten

Nach dem ersten Resümee am letzten Messetag gibt es weitere Stationen für die Überprüfung des Messeerfolges. Der nächste Zeitpunkt ist durch das Ende der Messenacharbeit fixiert, etwa zwei bis vier Wochen nach der Messe. Ein Vierteljahr später, ein halbes oder ganzes Jahr später bietet sich die Überprüfung des Messeerfolges an. Geprüft werden kann alles, was vorher als Ziel qualifiziert und quantifiziert wurde. Je konkreter und präziser die Formulierung war, umso leichter kann das Ergebnis bewertet werden. Die Erfolgskontrolle ist nichts anderes als eine Aussage über den Grad der Zielerreichung. Der lässt sich leicht bei Umsatzzielen und auch bei Kontaktzielen messen. Nicht so leicht messbar und qualifizierbar sind Erkenntnisse, Erfahrungen und Erlebnisse, die an das Ereignis Messe gebunden sind, und nur deshalb erreicht und gemacht werden konnten, weil man aktiver Teil des gesamten Messeprojektes war.

Alle oben aufgeführten Ziele sollten unter der Frage Erfolgs- und Kostenkontrolle überprüft werden. Erst dabei stellt sich dann auch der tatsächliche Wert einer Teilnahme heraus. Wert wird hier nicht nur als Aufwand- und Ertragsergebnis verstanden, sondern auch als Ergebnis der Multifunktionalität von Messen. Darüber hinaus liefert eine genaue Kostenkontrolle die wichtigsten Hinweise für Optimierungspotenziale. Nur wenn genau identifiziert werden kann, ob die Budgetierung auch realistisch und effektiv war, lassen sich daraus Schlüsse und Lehren für die Zukunft ziehen.

Zur Messeerfolgskotrolle gehört auch der kritische Blick auf die eigene Präsentation:

- Waren Standgröße und -lage günstig? Wie wirkten die Exponate? Wie der Standbau?

- Welchen Nutzen hatten die Werbe- und Presseaktivitäten?

- Wie war die Teamarbeit am Stand?

- Wie wirkte die Präsentation im Rahmen des gesamten Wettbewerbs?

Die abschließende Frage an den Auftritt lautet: Soll die Messebeteiligung wiederholt werden? Mit welchen Änderungen/Ergänzungen?

Textgrundlage ist die Aktualisierung des Titels Barbara Harbecke, Der Schlüssel zum Messeerfolg, Gabal, 1998.

Literaturhinweise:

Die umfangreichste Bibliothek zum Thema Messen und Ausstellungen findet sich in der **Messebibliothek des AUMA**, in der auch online recherchiert werden kann.

FKM: Freiwillige Kontrolle von Messezahlen, Berlin 2006, www.fkm.de

FAMAB e. V., Rheda-Wiedenbrück, www.famab.de

m+a Verlag, Frankfurt am Main, www.m-averlag.com

2 Interaktion am Messestand

von Michael Kolb

Einmal zeigte ein erfolgreicher Maler einem guten Freund ein Bild, das er gemalt hatte. Größe: Etwa ein Meter mal ein Meter. Linke Hälfte der Leinwand lila, rechte Hälfte der Leinwand gelb. Er hatte dieses Gemälde gerade für ein stattliches Honorar verkauft. „Das kann ich auch!", sagte der Freund spontan. Der Maler lachte ihn an und erwiderte: „Siehst du, das unterscheidet uns. Du kannst es, aber du tust es nicht."[1]

Eigentlich ist es doch ganz einfach. Die Messebesucher kommen auf die Messe, um bestimmte Ziele zu erreichen. Firmen stellen aus, um mit den richtigen Menschen ins Gespräch zu kommen und Geschäfte zu tätigen. Und doch kommen beide Gruppen auf der Messe oftmals nicht zusammen. Die von beiden gesuchte Interaktion schlägt fehl. Beide Parteien haben sich vorbereitet und trotzdem konnte sehr viel Potenzial nicht abgeschöpft werden.

In diesem Artikel möchte ich Ihnen Instrumente vorstellen, mit denen die vertriebsorientierte Interaktion mit Messebesuchern wesentlich verbessert werden kann. Sie lernen Beispiele aus der Praxis, Methoden und Instrumente kennen, die in den letzten 15 Jahren erfolgreich eingesetzt wurden.

Prof. Dr. T.H. Kirstges und Prof. E. Schmoll schreiben im ITF-Diskussionspapier Nr. 2 (Mai 2010): „In Zukunft, davon sind wir fest überzeugt, werden Messeauftritte sowohl im B2C als auch im B2B Bereich dann besonders überzeugend und erfolgreich sein, wenn sie die höchste Stufe der Emotionalität, die explorative Dimension, erreichen."[2]

Sie erfahren, wie Sie aus einem traditionellen Messe-Event eine Vertriebsbrücke entwickeln. Sie erhalten eine Checkliste mit der Sie Messe-Event-Ideen vor der Umsetzung bewerten können. Sie lernen fünf

---

[1] Joschke; Stemmann (1995)
[2] Kirstges; Schmoll (2010)

weitere praxiserprobte Interaktionsinstrumente kennen. Und natürlich beschäftigen wir uns mit Gründen für das Fehlschlagen der Interaktion am Messestand.

Vergessen Sie den Messebau

Gerade auf Hightech-Messen muss Technik mit Emotionalität und Menschlichkeit präsentiert werden.[3]

Damit wir uns verstehen, ich liebe auserlesene Messestände mit musealen hellen Architekturen, die mich vor Ehrfurcht staunen lassen, mit eleganten Polstermöbeln, in denen die Mitarbeiter versinken, mit Wasserfalldisplays, Aquarien im Fußboden und filigransten Lackierungen, welche die Werte und finanziellen Möglichkeiten des Ausstellers allen kundtun. Doch zuweilen geht es mir dabei, wie bei einem dieser „old school" Messe-Events. Die Tanzshow war rasant und aufmerksamkeitsstark, doch über den Nutzen des Ausstellers habe ich kaum etwas erfahren.

Wenn es Ihr Ziel ist, neue Freunde zu finden und mit bisher unbekannten Menschen ins Gespräch zu kommen, um Geschäfte zu tätigen, planen Sie bitte erst als letzten Schritt den Messestand. Denn er ist nur die Plattform für die Interaktion zwischen Menschen und der wichtigste Faktor für das Gelingen der Interaktion sind Ihre Mitarbeiter und definitiv nicht der Messestand an sich. Oder hat der Messestand schon einmal einem Besucher einen Stift mit der Aufforderung hier zu unterschreiben in die Hand gedrückt? Was den Menschen umtreibt sind nicht Fakten und Daten, sondern Gefühle, Geschichten und vor allem andere Menschen.[4]

Sie werden merken, es ist oft erstaunlich einfach, mit Fachbesuchern zielgerichtet zu interagieren. Paradoxerweise ist es gleichzeitig unendlich schwer, einfach da wir Menschen sind. Versuchen Sie kritisch zu sein, während Sie jetzt eine Auswahl an erprobten Interaktionswerkzeugen kennenlernen.

---

[3] Vgl. Hellmich (1998)
[4] Vgl. Spitzer (2003; S. 160)

Erfolgsfaktor Interaktion

Die Besucher gehen durch die Hallen. Sie erlaufen sich die für sie leckersten Brocken. Dies geschieht in Form eines Interaktionsprozesses. Interaktion auf Messen definiert Verena Goess in ihrer Bachelorarbeit (2010) durch die drei Dimensionen:

- kognitives Involvement
- Wechselseitigkeit
- Kontrolle am Geschehen[5]

Interaktion entsteht also, wenn auf einen Input eine Reaktion erfolgt, wenn der Nutzer ein Maß an Kontrolle ausübt und wenn der Nutzer kognitiv involviert ist. Erweitern möchte ich die Dimension des kognitiven Involvements zu „emotionales und kognitives Involvement", da Kognition und Emotion untrennbar verbunden sind. Die Trennung von Kognition und Emotion geht auf Platon zurück und kam durch Christian Wolff (1714 -1762) in die Psychologie. Da Kognition heute anders definiert wird, nämlich als Informationsverarbeitung und Informationsbewertung[6], lösen sich laut Dr. Häusel[7] diese Dispute langsam in Richtung Interaktion auf. Eine ausführliche wissenschaftliche Analyse des Zusammenspieles von Emotion und Kognition finden Sie in Limbic® Science[8], der wissenschaftlichen Fundierung des Limbic® Ansatzes. Emotion und Kognition gehören untrennbar zusammen, wie Dr. Häusel auch durch die Verläufe wichtiger Neurotransmitter im menschlichen Gehirn zeigte. Insbesondere Emotionen spielen bei der Informationsbewertung eine grundlegende Rolle, weil erst Emotionen wahrgenommenen Stimuli Bedeutung geben. Emotion ist deshalb, laut obiger Studie, nicht das Gegenteil der Kognition, sondern ein wichtiger Bestandteil der Kognitionsprozesse! Daher lässt sich Interaktion auf Messen wie folgt definieren:

- Involvement (emotional + kognitiv)
- Wechselseitigkeit
- Kontrolle am Geschehen

---

[5] Goess (2010; S. 23)
[6] Vgl. von Scheve (2009)
[7] Häusel (2011)
[8] Häusel (2011)

Interaktion auf dem Messestand kann z.B. als zwischenmenschliche Interaktion, als Interaktion mit Medien und als Interaktion mit Produkten oder Anschauungsobjekten stattfinden. Interaktion stiftet an sich keinen Sinn, sondern nur in Bezug zu den jeweiligen Zielen. Dies ist sicherlich einer der Gründe, warum ein Bodypainting oder eine Tanzshow in der Regel keinen Nutzen stiftet, denn es entsteht keine Interaktion zwischen Modell und Zuschauer und auch keine zwischen Besucher und Firma.

Ein Instrument, welches alle Formen der Interaktion vereinen und Ihre Ziele unterstützen kann, sind vertriebsorientierte Messe-Events, wenn Sie u.a. den Regeln aus der Diplomarbeit von Kneisel[9] folgen. Bevor wir uns diesem und weiteren Interaktionswerkzeugen zuwenden, stellt sich zunächst die Frage: Was behindert die Interaktion auf Messen und damit Ihren Messeerfolg?

Interaktionshindernisse am Messestand

Reizüberflutung

Wie geht es Ihnen, wenn Sie die Tür zur Messehalle öffnen und diese betreten? Ihre Augen nehmen ein Kaleidoskop an Farben, Formen und fremden Menschen war. Ihre Nase empfängt den Dunst von Würstchen, Schweiß und verbrauchter Luft. Und wenn Sie Ihre Augen schließen würden, dann würde sich das eher nach Bahnhofshalle anhören als nach konzentrierter Arbeitsatmosphäre.

Ihr Geschmackssinn erfährt wenig anregende Überraschungen. Und sobald Sie etwas begreifen möchten ist da ein Schild: bitte nicht berühren, oder... Wegen der Reizüberflutung würden Sie doch normalerweise kein Seminar auf einer Messe durchführen?

Aufmerksamkeit und Erwartungshaltung

Studien haben ergeben, dass die selektive Wahrnehmung zu einem gegebenen Zeitpunkt nur an einer bestimmten Stelle der gesehenen visuellen Szene liegen kann.[10] Sie ist nicht teilbar. Es gibt laut Michael

---

[9] Kneisel (2002)
[10] Spitzer (2003; S. 143)

Posner nur einen Scheinwerfer.[11] Der Durchmesser des Scheinwerfers hängt von der Wahrnehmungsaufgabe ab. Je mehr Informationsverarbeitungskapazität einer bestimmten Aufgabe zugewiesen wird, desto mehr wird anderswo abgezogen.[12]

Das bedeutet doch, wenn Sie intensiv auf der Suche nach einem bestimmten Aussteller sind, ist kaum noch Kapazität frei, um Angebote links und rechts vom Weg wahrzunehmen. Es sei denn, Sie unterbrechen Ihren aktuellen Gedanken und lenken die Aufmerksamkeit auf etwas Neues.

Dies scheint mir auch sehr eindrücklich durch das sogenannte Basketball Experiment von Prof. Simons und Prof. Chabris untermauert zu werden.[13] Bevor Sie weiterlesen, möchte ich Sie einladen, dieses sehr kurze Experiment persönlich durchzuführen. Sie finden es über http://www.theinvisiblegorilla.com/videos.html. Das relevante Experiment ist „the selective attention test". Bitte führen Sie jetzt ganz kurz den Test durch. Er dauert wirklich nur zwei Minuten. Der Test veranschaulicht auf eindrückliche Weise, wie unsere Wahrnehmung durch die gerade vorherrschende Aufgabe und unsere Erwartungshaltung gelenkt wird. Wenn Sie hier weiterlesen, kann das Experiment nicht mehr sinnvoll von Ihnen durchgeführt werden. Damit Sie das Ergebnis des Experimentes selbst bewerten können, gehen Sie zu: http://www.theinvisiblegorilla.com/videos.html.

Sie haben das Experiment durchgeführt? Wunderbar. Laut Simons und Chabris übersehen ca. 50% den Gorilla und das, obwohl er unmittelbar durch den Scheinwerfer Ihrer visuellen Aufmerksamkeit läuft und sogar stehen bleibt. Viele mit denen ich das Experiment im Seminar durchführte, hätten sogar geschworen, dass da nur das Basketballspiel im Video zu sehen war.

Was denken Sie, wie viele wichtige Informationen Sie auf einer Messe übersehen, wenn Sie einen bestimmten Stand suchen oder ein Produkt bei einem bekannten Händler nicht erwarten? Was bedeutet dieser Punkt für Ihren eigenen Messeauftritt? Das Experiment legt auch nahe,

---

[11] Posner (1996)
[12] Spitzer (2003; S. 145)
[13] Chabris, Simons (2010)

dass es extrem schwierig ist, die Aufmerksamkeit der Besucher durch den Messebau auf Ihre Firma zu lenken. Der Gorilla wurde im Experiment erst wahrgenommen, als der Moderator den Zuschauer dazu verführte die Situation mit einer anderen Erwartungshaltung zu betrachten. Die Wahrnehmung wurde durch das Interaktionsmodul (Moderator) erreicht und nicht durch das Filmdesign (Messebau). In meinen Augen ist dies ein Hinweis darauf, dass es Sinn machen kann, den Messebau so minimal wie möglich zu gestalten und das Hauptbudget in Mitarbeitertraining und Interaktionsmodule zu investieren.

Ängste

Nicht die Dinge selbst, sondern nur unsere Vorstellungen über die Dinge machen uns glücklich oder unglücklich. (Epiktet)

1997 arbeitete ich als Infotainer das erste Mal auf einer großen internationalen Messe. Massen von hektischen, verschlossenen und überforderten Menschen eilten am Messestand vorbei. Und ich sollte mit diesen Menschen in Interaktion treten, das Produkt am Messestand präsentieren. Und sogar der Kunde glaubte fest daran, dass ich das kann. Nur ich glaubte nicht mehr daran, meine Angst vor dem Scheitern war zu groß. Für einen Psychologiestudenten hätte ich ein wunderbares Studienobjekt abgegeben, er hätte alle vier Grundängste nach Riemann an mir beobachten können.

Heute weiß ich, dass es einfach ist, mit Menschen auf einer Messe in Interaktion zu treten. Es ist so einfach, wie jemanden nach dem Weg zum Bahnhof zu fragen. Probieren Sie es einmal aus. Gehen Sie auf den Messegang und sprechen Sie den Erstbesten an: Guten Tag, schön, dass Sie da sind. Ich frage mich gerade, ob wir in Zukunft zusammenarbeiten könnten? Wir bieten... wie interessant wäre das für Sie? Auf der HMI habe ich eine Firma erlebt, die genau so gearbeitet hat. Aufgefallen ist mir der Stand, weil er immer leer war und irgendwann entdeckte ich dann die Mitarbeiter auf den Gängen rund um den Messestand. Möglicherweise ist das nicht die richtige Strategie für Ihren Messeauftritt. Vielleicht ist es eine Anregung, um zu trainieren.

Für die meisten Messebesucher und Mitarbeiter ist eine Messe etwas Ungewöhnliches und Messen sind mit einer riesigen Erwartungshaltung verbunden. Und die wichtigste Kernkompetenz für eine Messe, wildfremde Menschen anzusprechen und in ein Gespräch zu verwickeln, ist nicht das, was man in der Schule und der Ausbildung lernt. Dies ist eine Aufgabe der Interaktionsinstrumente. Sie sind für diese Hürde ein Mittel, um über einen unverbindlichen und unpersönlichen Kontakt den Weg in ein persönliches Gespräch zu ebnen.

Interaktionsinstrument: Messe-Event

Sie alle kennen das Gruselkabinett der Messe-Event-Szene: Menschen mit blauen Perücken, schrille Bodypaintings, das sich auf einem Reifenstapel räkelnde Model. Doch was ist der Unterschied zu einem interaktionsreichen vertriebsorientierten Messe-Event?

Definition eines Messe-Events

Events bilden, laut Event-Lexikon der TU Chemnitz[14], den inhaltlichen Kern des Eventmarketing und können als inszenierte Ereignisse in Form von Veranstaltungen und Aktionen verstanden werden, die dem Adressaten firmen- oder produktbezogene Kommunikationsinhalte erlebnisorientiert vermitteln und auf diese Weise der Umsetzung der Marketingziele des Unternehmens dienen. Messe-Events sind interaktionsorientiert, die Teilnehmer werden über ihr Verhalten einbezogen. Ein Messe-Event ist also Botschafter Ihrer Firma. Er entzündet mit der emotionalen Ansprache der Messebesucher den ersten Funken Vertrauen in Ihre Firma, in Ihre Produkte und in Ihre Messemitarbeiter. Ein Messe-Event ist wie ein guter Werbespot mit dem zusätzlichen Nutzen der persönlichen Interaktion mit Ihrem Vertrieb.

Grundlegende Anforderungen an das Messe-Event Design

Bereits 2002 untersuchte Kneisel in ihrer Diplomarbeit die grundlegenden Anforderungen an einem wirksamen Messe-Event.

- Ein Messe-Event sollte als Blickfang für den Stand wirken, indem er aufmerksamkeitsstarke Reize setzt.

---

[14] www.eventlexikon.eu

- Es sollte Informationen vermitteln, Interesse an weiterführenden Informationen wecken und die Hemmschwelle zum Betreten des Standes abbauen.

- Besucher und Standpersonal sollten in das Event einbezogen werden.[15]

Der Kern eines vertriebsorientierten Messe-Events ist also Ihre Botschaft und nicht das Erlebnismodul. Dies ist vergleichbar mit einer Eselsbrücke, die eine Brücke zu einer Information schlägt oder auch einer Assoziationskette einer Mnemotechnik oder dem Infotainment bei einem guten Werbespot. Ihre Botschaft wird im Idealfall als emotional erlebbare Geschichte in allen Details und an allen Kundenkontaktpunkten Ihres Messeauftrittes spürbar.

Jeder erlebt mehr als er versteht – aber das Erlebnis, nicht das Verständnis, beeinflusst unser Verhalten.

(Marshall McLuhan)

Möglicher Nutzen eines Messe-Events

Ein Messe-Event erzeugt eine magnetische Neugierde bei den Messebesuchern. Es beinhaltet keine erschöpfende Produktpräsentation. Eingeordnet in eine Vertriebssystematik etabliert ein Messe-Event den ersten Kontakt, führt eine grobe Vorqualifizierung der Messebesucher durch, indem er die Besucher neugierig auf Ihr Thema macht und einige Nutzen anspricht. Er führt den Besucher mit dem Vertrieb zusammen, so dass dieser einfacher in die Analysephase einsteigen kann.

Ein Messe-Event, das die grundlegenden Designkriterien umsetzt, kann folgende Wirkungen haben:[16]

Unmittelbare Wirkungen eines Messe-Events

- Erzeugt Aufmerksamkeit für den Stand.

- Erzeugt Aufnahmebereitschaft für Informationen.

- Motiviert die Standmitarbeiter.

---

[15] Kneisel (2002, S. 86)
[16] Vgl. Zanger (1998, S. 78)

- Ansprache der Gäste wird durch die Show erleichtert.
- Show kann als Gesprächseinstieg auf dem Messestand genutzt werden.
- Erzeugt ein Gemeinschaftsgefühl beim Mitarbeiter.

Langfristige Gedächtniswirkungen eines Messe-Events

- Steigert die Bekanntheit.
- Vermittelt Wissen.
- Beeinflussung von Einstellungen.
- Bildet innere Markenbilder.
- Emotionale Bindung an den Aussteller
- Optimiert Lerneffekt durch ganzheitliche erlebnisorientierte Ansprache aller Sinne.

Finale Verhaltensweisen durch ein Messe-Event

- Gespräche mit dem Standpersonal.
- Sammeln von schriftlichen Informationen.
- Erhöht die Verweildauer am Stand.
- Erzeugt Kaufinteresse.
- Kauf.
- Überbrückt Wartezeiten.
- Erzeugt im Vorfeld der Messe Motivation für den Besuch eines Messestandes.
- Vereinfacht den Gesprächseinstieg nach der Messe. Ihr Haken für den Nachfassbrief!

Messe-Event Kreation

Ausgangspunkte sind die grundlegenden Designkriterien und die Hemmnisse für Interaktion am Messestand. Wie gelingt es jetzt mit einem Messe-Event die Firmenwelt und deren Nutzen so erlebbar zu machen, dass eine Brücke zu Ihren Mitarbeitern entsteht? Informationen werden doch dann besonders gut verankert, wenn sie eine emotionale Relevanz für den Empfänger besitzen – zugespitzt, wenn er dadurch Schmerzen vermeiden und Freude erlangen kann bzgl. seiner individuellen Werte.

Für Messe-Events habe ich drei grundlegende Prinzipien kennengelernt, die sich hervorragend eignen: Sie erzählen eine Geschichte entweder über einen Anwendungsfall oder über die spannende Entstehung des Produktes oder darüber wie Ihr Produkt die Probleme der Kunden löst; Sie nutzen einen Vergleich oder eine Metapher, um die Relevanz der Lösung begreifbarer zu machen; Sie oder der Messebesucher führen eine Demonstration mit dem realen Produkt oder einem Anschauungsobjekt durch.

Und damit Sie wirklich Ihren Produktnutzen in das Zentrum des Events stellen hat sich folgende Vorgehensweise für die Kreation bewährt:

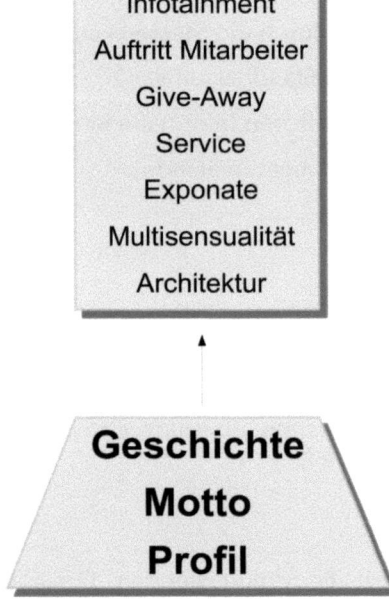

Sie haben Recht! Das sieht nach viel Arbeit aus.

Doch das Schöne daran ist: Im Rahmen Ihrer Messevorbereitung durchlaufen Sie ganz automatisch die wichtigsten Schritte, um ein Messe-Event vorzubereiten, denn Sie müssen vorab Ihre Ziele definieren und ein Messekonzept erstellen. Und Sie müssen dieses Konzept umsetzen.

Die Hauptleistung, die Sie möglicherweise vollbringen müssen, ist eine Haltungsänderung: Mit dem Messe-Event sprechen Sie zuerst die Emotionen, das Herz, des Besuchers an. Und erst wenn der Besucher aufnahmebereit ist, präsentieren Sie, wie Sie die Probleme des Kunden lösen können. Sie sagen beim ersten Date doch auch nicht: Liebste Kunigunde lass uns heiraten.

Sie wissen, dass das Messe-Eventprofil, das Motto und die Geschichte die strategischen Bestandteile des Messe-Events sind. Daraus leiten Sie die operativen Bestandteile und alle Details ab.

Das Messe-Eventprofil

Profil.
- **Zielsetzung**
  - Kopf
  - Herz
  - Hand
- **Rahmenbedingungen**
- **Kontrolle**

- **Zielsetzung**

Die Zielsetzung Ihres Eventprofiles kann durch die „Kopf-Herz-Hand-Regel" definiert werden:

- Information (Kopf)
  - Was sollen die Besucher über mich, mein Produkt oder meine Dienstleistung erfahren?
  - Welcher Produktnutzen soll argumentiert werden?

- Emotion (Herz)
  - Welche positiven Einstellungen der Kunden, welche Emotionen sollen verstärkt oder entwickelt werden?
  - Wie lauten Ihre Markenwerte?

- Aktion (Hand)
  - Zu welchen Handlungen sollen die Besucher motiviert werden? (Produktkauf, Fachgespräch, Informationsanforderung, Produktpräsentation am Stand etc.)

- **Rahmenbedingungen**
  - Budget
  - Standgröße
  - Zahl der Mitarbeiter
  - Messevorschriften

- **Kontrolle**
  - Sie können die Zahl der qualifizierten Messekontakte zählen
  - Sie können die Emotionalität der Messebesucher über den entsprechend gestalteten Besuchsbericht abschätzen lassen.
  - Sie können die Laufwege der Besucher und die Frequenz der einzelnen Bereiche untersuchen.

Wenige Ziele sind besser als viele. Ein Tipp: komprimieren Sie jetzt Ihre Ziele auf ein Viertel. Wenn Sie einen Film im Kino anschauen gibt es meistens eine Hauptgeschichte und vielleicht noch ein oder zwei Nebengeschichten, welche die Hauptgeschichte unterstützen. Messe-Events können Menschen bzgl. eines Problemfelds emotional öffnen und sensibilisieren, sie sind keine Lehrfilme.

Das Motto

Die beherrschende Idee eines Messe-Events sollte sich in einem Satz ausdrücken lassen. Dieser beschreibt, wie und warum sich das Leben des Besuchers durch Ihre Firma ändert. Dies bedeutet, das Motto beinhaltet zwei Komponenten: *Einen Wert und eine Ursache.* Bei einem Film lautet es z.B.: *Die Gerechtigkeit siegt, weil Colombo schlauer ist. Die Liebe siegt, weil Konventionen überwunden werden.* Bei einer

Firma könnte es heißen: *Sie sparen Zeit, weil wir diesen einen Punkt verbessert haben.* Daraus lässt sich folgende Systematik für das Motto ableiten: *Hauptnutzen, weil das Produkt folgende Eigenschaft besitzt.* Sie können für das Motto auch einen Vergleich verwenden, z.B. *so sicher wie ein Tresor, dank Eigenschaft xyz.* Das Arbeitsmotto kann auch aus einem Begriff und einem Wert bestehen. Mit dem Begriff wird die Firmenwelt in einen anderen Kontext transferiert, um daraus eine erlebbare Geschichte zu entwickeln. Ein paar Beispiele: Das Motto der ISH war einmal „Baustelle und Qualität", das einer Softwarefirma „embedded solution Fabrik" und das eines Automobilzulieferer „Ihr Ass für mehr Kundenzufriedenheit".

Da wir Menschen nun einmal Menschen sind und wir in Geschichten denken, erweitern wir das Messe-Event-Motto in eine Geschichte, denn das Gehirn findet durch Geschichten Anknüpfungspunkte zu uns Bekanntem und an unsere Bedürfnisse. Sie kennen die Grundbestandteile einer Geschichte...

Der Kern: Ihre Eventgeschichte

Geschichte.

- Setting
- Protagonisten
- Konflikt
- Veränderung
- Handlungsbogen
- Interaktion

Sie merken, dass jede Firma unzählige Geschichten besitzt, denn ihre Produkte lösen die Konflikte ihrer Kunden. Dies geschieht durch eine Veränderung in Form eines interaktionsreichen Handlungsbogens. Durchlaufen wird dieser von den Protagonisten (Kunden, Mitarbeiter, Interessenten). Dies geschieht natürlich in einem spezifischen Umfeld. Flapsig gesagt gilt es nur, eine Ihrer Nutzengeschichten herauszupicken und in eine Form zu gießen.

Über Hitchcock, den Meister der Spannung, erzählt man sich folgende Anekdote: Jede Nacht, so sagte Hitchcock, entwerfe er im Traum die besten Geschichten. Doch jeden Morgen, wenn er diese Geschichten niederschreiben wollte, lösten sie sich in Luft auf. Das ärgerte ihn. Also legte er sich ein Büchlein auf den Nachttisch, um seine Träume in der Nacht aufzuschreiben. Dann legte er sich schlafen und im Traum durchlebte er wieder die Geschichte aller Geschichten. Eines Nachts hatte er es geschafft. Es gelang ihm seinen Traum, seine Geschichte, in das Büchlein zu schreiben. Beim Frühstück las er, was er in der Nacht geschrieben hatte: Mann liebt Frau.

„Eine archetypische Story erschafft so seltene Settings und Figuren, dass unser Auge sich an jedem Detail weidet, während im Erzählen Konflikte beleuchtet werden, die für die Menschheit so wahr sind, dass sie in jeder Kultur zu Hause sind."[17] Robert McKee beschreibt damit ganz hervorragend den Anspruch an ein Messe-Event.

Der Geschichtenkreis

Erlebbar wird Ihre Geschichte, genau wie beim Film, nur durch die Ausgestaltung der Details. Wie finde ich diese Details? Durch den so-genannten Geschichtenkreis. Wenn Sie im Fernsehen einen Columbo-film genießen, erwarten Sie, dass Columbo durch Kombinieren und geschicktes Befragen den Mordfall aufklärt. Wenn er auf einmal anfangen würde, wie Rambo das Problem mit Gewalt zu lösen, wäre das falsch, weil eine brutale Schießerei nicht zu Columbo und der beherr-schenden Idee der Filmreihe gehört: Die Gerechtigkeit siegt, weil Columbo schlauer ist. In den Geschichtenkreis „Flugzeug" würde ein U-Boot eher weniger passen. Die Grenze Ihres Geschichtenkreises wird durch Ihr Motto bestimmt. Den Geschichtenkreis zum Thema „Haus" erhalten Sie z.B., wenn Sie alles aufschreiben, was üblicher-weise mit dem Thema „Haus" zu tun hat. Der Geschichtenkreis eines Events kann mit den Elementen des Corporate Designs verglichen werden.

---

[17] McKee (2000; S. 11)

Versuchen Sie doch einmal beim nächsten Fernsehabend herauszufinden, welche/s grundlegende Idee/Motto und welcher Geschichtenkreis dem Film zugrunde liegen.

Durch die Verknüpfung der einzelnen Geschichtenkreiselemente Ihres Mottos mit dem Geschichtenkreis Ihrer Firma wird das Event zu großem Kino oder zum Groschenroman. Sie erhalten ein Messe-Event, das umfassend Ihre Welt für die Messebesucher begreifbar macht. Für eine Medizintechnikfabrik erzählten wir z.B. einmal die Geschichte, wie ein Patient, dank der Kunst der Ärzte und den neuen medizinischen Möglichkeiten, vor einem plötzlichen Herztod bewahrt wurde. Auf der Callcenter World erzählten wir die Geschichte, wie aus einem Arbeitsplatzsammelsurium und den damit verbundenen Problemen durch Callcenter Design ein Areal für entspanntes, wirksames Arbeiten wurde.

Der Handlungsbogen

Ausgehend von den beschriebenen Designregeln ergibt sich für die Eventgeschichte Ihres Messe-Events folgende Basisstruktur:

- Neugierde
- Entspannung/Sicherheit
- Aktivierung
- Lernen
- Handlung und Vertriebsbrücke

Als Erstes bedarf es der Neugierde bei den Messebesuchern. Sie müssen auf das Event aufmerksam werden. Idealerweise wird diese Neugierde nicht irgendwie erzeugt, sondern unter Berücksichtigung Ihrer Ziele. Dadurch ergibt sich bereits eine erste Vorqualifizierung der angesprochenen Messebesucher. Ein Mensch, der bei einem Bodypainting stehenbleibt, gehört möglicherweise nicht zu Ihrer Zielgruppe.

Danach ist es wichtig, ein Gefühl der Sicherheit und Entspannung zu etablieren. Sie wissen, dass jede ungewohnte Situation auch Ängste bei den Besuchern auslöst.

In der Aktivierungsphase gilt es, das Hauptproblem einzuführen, für das Sie eine Lösung parat haben. Im Film ist dies der sogenannte auslösende Konflikt, durch welchen es dem Protagonisten unmöglich wird, sein Ziel zu erreichen. In der Lernphase kann dann angedeutet werden, wie das Problem gelöst werden kann. Bitte nur andeuten, denn dadurch entsteht die Spannung beim Publikum, die benötigt wird, damit sich der Interessent der Vertriebsbrücke, also dem Fachgespräch mit dem Standmitarbeiter, öffnet.

Umsetzung des Messe-Events

Natürlich ist für das Messe-Event eine innere Struktur notwendig und ein adäquater Messestand und ein Infotainment, um die Aufmerksamkeit auf den Stand zu lenken, um die erste Neugierde bzgl. Ihres Nutzens zu wecken und eine Brücke zum Messestand herzustellen. Und wie denken Sie, könnte das Give-away aussehen, das den Geschichtenkreis berücksichtigt? Vorangetrieben, und das ist ganz wichtig, wird ein Messe-Event durch die Handlungen und Emotionen der Protagonisten. Ihre Mitarbeiter sind diese Protagonisten, immer. Diese können durch einen Infotainer und allerlei Module bis hin zu einer aufwändigen Multisensualisierung aller Kontaktpunkte unterstützt werden. Doch wenn das Event von den Mitarbeitern nicht aktiv unterstützt wird, bricht das ganze Eventgebäude wie ein Kartenhaus in sich zusammen.

Sie haben es vielleicht aus den Beispielen herausgehört: Sie müssen keinen Weltbestseller à la Hitchcock schreiben. Ausreichend ist eine Regel für Ihre Geschichte: KISS – *keep it smart and simple*. Jeder erfolgreiche Film beachtet diese Regel der Einfachheit. Wenn Sie Ihren Kindern etwas erzählen, beachten Sie diese Regel. Mit simple meine ich nicht stupide. Deshalb reicht es nicht aus, wenn Ihr Event aus einem Karikaturisten besteht, der auf einem Briefbogen Ihrer Firma ein Portrait zeichnet, oder wenn Sie eine Trommelshow engagieren, welche mit dem Trommelrhythmus verschiedene Keywords auf dem Display tanzen lassen.

Projektplan

Wenn Sie sich jetzt sagen, das mit den Messe-Events probiere ich für unsere nächste Messe aus, dann könnte Ihnen der folgende Ablaufplan nützlich sein. Es kann sein, dass Ihnen für die erste Messe z.B. nur ein Konzept für das Catering einfällt. Es kann sogar passieren, dass Sie das komplette Event ausgearbeitet haben und auf einmal einen Geistesblitz haben und noch einmal alles ändern möchten. Wichtig ist, dass Sie etwas umsetzen, sich einfach an diese neue Art der Messepräsentation herantasten. Nur live auf der Messe erleben Sie, welcher Teil funktioniert und was noch Potenzial hat. Ein Bekannter erzählte mir, dass ein Drehbuchautor in der Regel zehn Jahre fleißigen Schreibens benötige, um das erste Mal ein „perfektes" Drehbuch abzuliefern.

Ablaufplan

1. Als Erstes definieren Sie Ihre kompletten Messeziele.

2. Danach erarbeiten Sie sich das Eventprofil.

3. Kreationsphase: Für das Eventkonzept erstellen Sie jetzt

   - eine lange Liste mit den einzelnen Nutzen, die Ihre Firma den verschiedenen Kunden bietet. Und wenn Sie dann vor der Liste sitzen, überlegen Sie sich bitte, welcher der Nutzen die meisten Ihrer Kunden fasziniert und anspricht. Welcher Nutzen ist neu hinzugekommen?

   - eine Liste der Probleme, die Sie für Ihre Kunden lösen, und durch welchen Handlungsbogen Sie diese Probleme lösen.

   - in welchem Umfeld wird Ihr neues Produkt oder Ihr Hauptprodukt eingesetzt? Und welche Assoziationen (Geschichtenkreis) fallen Ihnen zum jeweiligen Umfeld ein?

   - Sie entwickeln Vergleiche. Sie vergleichen z.B. Ihren Nutzen mit anderen Begriffen. Das Brückenwort lautet „wie", z.B. „Unsere Lösung ist so sicher wie ein Banktresor." oder „Unsere Bohrer gehen wie Butter durch die Decke."

   - eine Liste der Geschichten, die über Ihr Unternehmen, von Ihren Kunden und Ihren Mitarbeitern erzählt werden. Z.B.: Welches Produkt löst welchen Konflikt Ihrer Kunden?

4. Das Motto könnte dann lauten:

   - Nutzen, weil das Produkt folgendes Problem löst.

   - Produkt, ist wie ... (so solide (Wert), wie ein Baum).

- Sie entnehmen aus den aufgeschriebenen Geschichten ein Umfeld und kombinieren dieses mit einem Nutzen.
- oder...

5. Ihre erste Eventgeschichte könnten Sie dann aus der erstellten Liste extrahieren. Zu beachten...

   - Ist es eine einfache klare Geschichte mit einem echten Problem?
   - Wird die Geschichte eventuell schon vom Marktbegleiter erzählt?
   - Haben die Mitarbeiter Freude daran, die Geschichte auf der Messe mitzutragen?
   - Fallen Ihnen spontan Assoziationen für Teilaspekte wie Messebau, Einladung, Give-away, Exponatdarstellung, Produktdemonstration oder Catering ein?

6. Sobald Sie sich für eine Basisgeschichte entschieden haben, besteht Ihre Aufgabe darin, für diese Geschichte einen Geschichtenkreis zu entwickeln. Die darin enthaltenen Begriffe und Leitlinien sind Ihre Grundlage, um die im Schaubild beschriebenen Aspekte umzusetzen. Einige Gedanken zu erprobten Fragmenten sind dafür nachfolgend beschrieben.

Interaktionsinstrument: Infotainment/Produktpräsentation

Eine Produktvorführung am Messestand dient dem Ziel, die Besucher neugierig für ein fundiertes Gespräch mit den Mitarbeitern zu machen. Es ist keine Demonstration à la Produktmanager und keine umfassende Vertriebspräsentation. Wenn Sie eine Produktpräsentation selbst durchführen möchten, wovon ich dringend abrate, besteht der erste Schritt darin, den wichtigsten Nutzen herauszuarbeiten. Im zweiten Schritt wird eine Maßnahme gesucht, um genau diesen Nutzen im Rahmen Ihrer Eventgeschichte in einer Demonstration anschaulich zu machen. Die Produktvorführung wird auf die Demonstration dieses Hauptnutzens reduziert. Entweder wird dazu das Produkt verwendet oder es wird nur ein Produktdetail eingesetzt oder es wird ein Anschauungsobjekt entwickelt, das den Nutzen im Rahmen einer interaktionsreichen Aktion begreifbar macht.

Und während der Produktvorführung werden dann die Mitarbeiter ins Gespräch integriert. Einige Beispiele...

Für einen Kupferrohrhersteller bestand eine Produktvorführung z.B. darin, dass ein Kupferrohr abgeknickt wurde. Dann wurde es an der Biegekante durchgeschnitten. Die Schnittkante wurde dem Handwerker präsentiert. Das war alles... abgesehen davon, dass die hektischen Besucher zunächst dazu gebracht werden mussten, anzuhalten, sich zu öffnen und neugierig der Präsentation beizuwohnen. Und es gilt natürlich auch hier das Gesetz, dass nach der Demonstration die Brücke zum Vertrieb gebaut werden muss.

Für einen Medizintechnikhersteller bestand eine Vorführung darin, dass ein üblicherweise sehr fragiles medizinisches Messgerät der Besuchermenge vor die Füße geworfen wurde...

Auf dem Stand eines Anbieters für Sprachkurse wurden die Personalleiter dazu animiert, bestimmte Übungen auszuführen. Nach fünf Minuten hatten diese voller Freude eine unglaubliche Anzahl an Vokabeln gelernt.

Für einen Anbieter von Qualitätsmanagementseminaren wurde ein interaktionsreicher Zaubertrick entwickelt, der anschließend den Messebesuchern erklärt wurde. Mit dieser Erklärung wurde der Nutzen anschaulich und begreifbar gemacht.

Interaktionsinstrument: tradefairjazz

Die Messeshow besteht dabei aus einem allgemeinen Teil, in welchem ein Überblick über das Produktportfolio vermittelt wird, und mehreren spezifischen Modulen für die einzelnen Produktbereiche.

Die Show wird nun an mehreren Standorten auf dem Messestand präsentiert – also Basisshow zuzüglich des speziellen Teils für den jeweiligen Produktbereich. Entwickelt wurde dieses Format für einen 1000qm-Messestand eines Weltmarktführers auf der Medica.

Interaktionsinstrument: Give-away

Gibt es überhaupt das geniale Messe-Give-away? Ich denke nein, denn ein Give-away an sich ist in meinen Augen wertlos. Es erhält seinen

Wert doch erst durch die Beziehung zur jeweiligen Situation. In den letzten Jahren durfte ich einige Strategien kennenlernen, um ein Messe-Give-away abhängig vom Kontext mit Bedeutung und Emotionen aufzuladen, sodass es als nachhaltiger Anker für das Messegespräch dienen kann. Um diese Strategien einzuführen, lade ich Sie zunächst zu einem kleinen Gedankenexperiment ein. Sie sind bereit? Gut.

Möglicherweise erinnern Sie sich noch an Ihren letzten Sommerurlaub. Vielleicht waren Sie auf einer sonnigen Insel mit endlos weißem Strand und blauem Himmel, in den Alpen oder sogar auf einer Nilrundfahrt. Ich weiß nicht, wo Sie Ihren Urlaub verbracht haben. Was ich weiß, ist, dass Sie alle eine Menge an Eindrücken und Erinnerungen mit nach Hause genommen haben: Bilder, Begegnungen, Freude, sonnige Momente... Und vielleicht haben Sie auch ein Mitbringsel aus dem Urlaub mitgebracht – für sich selbst oder für Ihre Freunde.

Und als Sie zu Hause, das Give-away Ihren Freunden überreichten, taten Sie das wortlos oder war vielmehr dies der Anlass, um mit Ihren Freunden über den tollen Urlaub zu sprechen? Genau, Sie haben also das Give-away genutzt, um mit Ihren Freunden Spaß zu haben, um Freude zu teilen und um über einen besonderen Moment in Ihrem Leben zu sprechen. Und was war in dieser Situation wichtig? Das Give-away an sich oder der Gedanke, der mit dem Give-away geteilt wurde? Und ohne diesen Gedanken wäre das Give-away für sie wahrscheinlich nur ein kurioser Nippes.

Werfen wir jetzt einen Blick auf die Messen dieser Welt. Wie werden klassischerweise Messe-Give-aways eingesetzt? Plakativ gesagt: Es werden originelle Give-aways für die Messe eingekauft und nach dem Messegespräch wird das Give-away in einer bedruckten Tüte über den Tisch gereicht – nach dem Motto: für Ihre Familie, für Ihr Auto, für Ihren Schreibtisch... Sie alle kennen diese Situation. Und was geschieht oftmals mit der Tüte? Der Messebesucher legt die Tüte mit dem Give-away nach der Messe in den Kofferraum. Irgendwann stört sie dort. Dann liegt sie im Büro oder im Hausgang. Dann nimmt man das Give-away in die Hand und weiß nicht so recht, was man damit tun soll. Denn eigentlich braucht man das ganze originelle Zeug nicht, das man als Give-away auf einer Messe erhält. Die Mitbringsel aus dem Urlaub benötigen Sie auch nicht und trotzdem liegen sie zu Hause überall herum, einfach weil Sie damit schöne magische persönliche Momente verbinden.

Wie gelingt es also auf einer Messe, das Give-away so emotional aufzuladen, dass es als positiver Anker für das Gespräch dient? Natürlich geht da nix, wenn das Messegespräch fad war. Und ein Messe-Give-away wird niemals dieselbe Emotionalität beinhalten wie ein Liebesbrief. Um das Give-away emotional aufzuladen, können Sie grundsätzlich dieselben Strategien verwenden, die Sie nutzen, um einen Messe-Event zu entwickeln.

In den letzten Jahren habe ich fünf Wege kennengelernt, um emotionalere und nachhaltigere Give-aways zu kreieren.

① Das Give-away entsteht während einer Produktpräsentation

② Das Give-away als Metapher für den Produktnutzen

③ Das gemeinsame Erlebnis am Stand als Basis für das Give-away

④ Produkt durchs Knobeln kennenlernen

⑤ Persönlichkeit als Basis für das Give-away

① Das Give-away entsteht während einer Produktpräsentation

Im Rahmen einer interaktionsreichen Produktdemonstration erarbeiten sich die Besucher selbst den Produktnutzen. In diesem Prozess entsteht das Messe Give-away. Das Give-away ist die Erinnerung an das Lernerlebnis.

Ein Schweißgerätehersteller führte auf einer Fachmesse einen revolutionär neuen Punkt- und Buckelschweißautomaten ein. Ein Hauptnutzen war, dass man das Schweißgut unmittelbar nach der Schweißung gefahrlos anfassen konnte. Im Rahmen einer informativen Präsentation führte ich die Besucher an die Technologie heran. Als Höhepunkt konnten die Messebesucher selbst zwei hochfeste Stähle zusammenschweißen und den Nutzen unmittelbar persönlich begreifen. Das Schweißgut erhielten die Besucher als Give-away überreicht.

Ein Halbzeugproduzent führte auf der ISH ein leicht zu verarbeitendes Kupferrohr ein. Nach der Messeshow wurden die Besucher auf den Messestand eingeladen, um sich selbst vom Nutzen zu überzeugen.

Die Besucher erhielten an einer Werkbank Kupferrohr, um es zu bearbeiten. Das Ergebnis war ein solider Werkstatthocker den die Gäste als Give-away mitnehmen konnten.

Viele denken sicherlich: Bei meinem Produkt kann ich keine Produktdemonstration auf der Messe durchführen und daraus ein Give-away extrahieren. Sehr oft ist das doch möglich, denn jedes Produkt erzählt eine Geschichte, die fast immer mit Hilfe eines Vergleichs oder Anschauungsobjektes auf dem Messestand dargestellt werden kann.

② Das Give-away als Metapher für den Produktnutzen

Ein Stein ist ein Stein ist ein Stein! Während eines Workshops für den Marketingclub Stuttgart entstand folgende Give-away Idee. Gesucht wurde ein Messe-Give-away für eine globale Übersetzungsfirma. Aufgrund der weltweiten Aufstellung bietet diese Übersetzungsfirma den Nutzen, dass ein „Stein" in nahezu allen Sprachen dieser Welt auch wirklich ein „Stein" bleibt. Als Anknüpfungspunkt für Messegespräche wurde ein großes Becken voller Steine in den Messestand integriert. Ausgehend von der Steinmetapher wurde der Nutzen erläutert. Als Give-away erhielten die Besucher einen Stein aus dem Becken.

Für ein Callcenter-Design-Büro wurde ein Süppchen als Produktmetapher und Give-away ausgewählt. Bei der Neugestaltung eines Callcenters müssen sehr viele unterschiedlichste Parameter berücksichtigt und in Harmonie gebracht werden, um effektives nachhaltiges Arbeiten zu ermöglichen. Es geht also beim Callcenter Design nicht darum, Komplexität zu minimieren, sondern den komplexen Designprozess zu beherrschen – eigentlich genau wie beim Kochen eines Süppchens. Sie können eine einfache Brotsuppe kochen oder ein vollmundiges leckeres Süppchen kreieren. Am Messestand wurde im Rahmen einer informativen Messeshow ein wirklich leckeres Süppchen mit vielen Zutaten zubereitet. Dieses wurde als Give-away verteilt und diente gleichzeitig als Einstieg in das nachfolgende Messegespräch.

③ Das gemeinsame Erlebnis am Stand als Basis für das Give-away

Ziel ist es, ein gemeinsames positives Erlebnis auf dem Stand entstehen zu lassen und daraus ein Give-away abzuleiten. Möglicherweise erleben die Gäste gemeinsam mit Ihren Mitarbeitern ein großes oder kleines Messe-Event oder das Erlebnis des Messegespräches wird z.B. von einem Fotografen oder einem Schnellzeichner unauffällig festgehalten. Das Foto oder die Zeichnung wird dem Gesprächspartner als Überraschung nach Hause gesandt.

④ Produkt durchs Knobeln kennenlernen

Dem Messebesucher wird mit dem Give-away etwas zum Knobeln oder zum Herumspielen mitgeben.

Kennen Sie noch diese kleinen Spielereien mit Streichhölzern, bei denen man durch Verschieben eines Streichholzes z.B. aus einer Acht ein Haus bauen muss? Vielleicht kennen Sie auch noch diese kleinen Metallgebilde aus zwei ineinander verhakten Metallteilen, die man auseinanderbringen muss?

Das gemeinsame dieser Spielereien besteht darin, dass man spezielles Know-how benötigt oder einen magischen Dreh kennen muss, um die Aufgabe zu lösen. Sie merken, dass mit diesen Spielereien eine Parallele, eine Analogie oder eine Metapher zu Ihrem Fachgebiet gebaut werden kann – nach dem Schema: Genau wie bei diesem Experiment, wird bei dieser Produktlösung... Dem Messebesucher wird mittels einer haptischen Metapher ein Produktnutzen erläutert und diese dient sogar noch als ein kleines Give-away, das er im Büro vorführen kann. Er hat einen emotionalen Anker. Natürlich gelingt dies nur, wenn das Give-away auch wirklich im Gespräch eingesetzt und nicht nur wortlos – wie etwa bei einem Kugelschreiberpräsent – dem Gesprächspartner überreicht wird.

⑤ Persönlichkeit als Basis für das Give-Away

Dies ist wahrscheinlich der schwierigste Weg – in meinen Augen aber der beste. Bei dieser Vorgehensweise verwendet jeder Mitarbeiter ein eigenes und persönliches Give-away. Er überlegt sich vor der Messe, was er persönlich einem Messebesucher als Andenken an das Gespräch gerne mitgeben würde. Es muss nichts Teures oder Kreatives sein, sondern etwas, das die Beziehung zum Messebesucher ganz individuell und persönlich würdigt und unterstreicht.

Das Interaktionsinstrument: Food-Metapher

Na das ist aber ein toller Zufall, dass diese Nahrungsmitteleigenschaft genau den Produktnutzen unterstreicht und hervorhebt. Es ist kein Zufall, sondern ein Wesenszug der Food-Metapher. Was ist eine Food-Metapher? Sie alle kennen sprachliche Metaphern wie z.B. leeres Stroh dreschen, das Recht mit Füßen treten oder die Viererkette ist nur noch ein Perlchen. Bei der Food-Metapher wird eine assoziative Verbindung von einer Nahrungsmitteleigenschaft zu einem Produktnutzen geknüpft. Diese Assoziation wird dann sprachlich vermittelt. Wie sieht so etwas in der Praxis aus?

Ein Kupferrohrproduzent führte ein mit einem Schaumstoffschlauch isoliertes Kupferrohr auf dem Markt ein. Der Nutzen war der Zeitgewinn bei der Installation, da der Schaumstoffschlauch nicht mehr nachträglich aufgeschoben werden musste. Außerdem war die Isolierung besser als bei herkömmlichen Produkten. Das Zielpublikum waren Entscheider aus der Baubranche. Wie könnte für diese Anforderung die Food-Metapher aussehen? Möglicherweise haben Sie Lust sich spontan eine auszudenken? Vielleicht bei einer duftenden Tasse Kaffee? Sie haben eine eigene Idee entwickelt? Gut.

Die von uns entwickelte Food-Metapher wurde im Rahmen des Messe-Events und der Verkaufsgespräche eingesetzt. Als Food-Metapher wurde ein Hot Dog verwendet, also ein Würstchen umhüllt von einem langen Brötchen.

Die Mitarbeiter nutzten diese Food-Metapher auch zur Gesprächseröffnung, z.B. mit folgendem plakativ skizzierten Dialog:

Hoffentlich bekommen Sie keine heißen Finger, das Würstchen im Brötchen ist sehr heiß. Kein Problem, außen ist es kühl. Ja, innen heiß und außen kühl, das ist genau die Kerneigenschaft von unserem neuen Produkt XXX, dem vorisolierten Kupferrohr...

Sie sehen, dass eine Food-Metapher aus zwei Teilen besteht, dem Nahrungsmittel und dem Text, der eine sprachliche Brücke zu einer Produktinformation baut.

Beim vorhergehenden Beispiel wurde ein Hot Dog verwendet weil,

- dieser die thermischen Eigenschaften des Produktes widerspiegelt.

- dieser den Produktaufbau haptisch begreifbar macht: innen Rohr – außen Isolierung.

- dieser zur Erfahrungswelt der Zielgruppe gehört.

- dieser in der Hand verspeist wird und dadurch die „Isolierung" erfahrbar ist.

- dieser einfach zu produzieren ist.

- dieser ein verblüffendes Sinnbild des Produktes ist.

- dieser alle Sinne anspricht und das Produkt erklärt.

Ja schön und gut... aber das mit dem Hot Dog war doch naheliegend. Ich habe komplexere Produkte, die man nicht anfassen kann und überhaupt ... ein Hot Dog ist wirklich nichts für meine Zielgruppe. Sie haben Recht, eine Food-Metapher ist kein Kugelschreiber, auf den man jedes Logo drucken kann.

Sie ist immer eine Maßanfertigung, mit dem Vorteil, dass sie einzigartig auf der Messe ist und mit der Herausforderung, dass man sie kreativ entwickeln muss.

Ein Beispiel für eine international tätige Reifenfirma anlässlich der Reifenmesse in Frankfurt: Die Food-Metapher sollte die Gäste auf den Stand locken und der Bezug zum Thema Reifen sollte möglichst viele interessante sprachliche Assoziationen beinhalten. Was denken Sie, wäre dafür eine interessante Produktmetapher ... ein Donut, ein Eis, schwarze Lakritze, Frühlingsrollen,...? Als Produktmetapher wurde eine Praline verwendet. Die Praline war Bestandteil des Tire-Karkassen-Events. Produziert wurde die Praline im Rahmen des informativen Events. Basis war ein reifenförmiger Hohlkörper, der mit einer feinen Pralinencreme gefüllt wurde. Dieser Reifen wurde auf eine Achse (Keks) montiert und verteilt. Die Produktion der Praline implizierte Assoziationen zu Themen wie Gummimischung, Karkasse, Qualität, Lauffläche, Achszentrierung, Reifenquerschnitte,... Darüber hinaus war der Produktionsaufwand überschaubar und Pralinen an sich stehen für ein qualitativ hochwertiges Produkt.

Noch ein Beispiel zum Thema Praline, um zu zeigen, wie ein Nahrungsmittel variabel eingesetzt werden kann, wenn man die sprachlichen Assoziationen abändert. Anlass war der Messeauftritt eines globalen Healthcare Konzerns auf der Fachmesse beim Deutschen Radiologie Kongress. In jenem Jahr lag der Informationsschwerpunkt auf dem perfekten Zusammenspiel der bildgebenden Diagnosegeräte und der zugehörigen bildverarbeitenden Software. Dieser Aspekt kann sehr gut durch eine erstklassige Praline widergespiegelt werden: Ihre schokoladige harte Hülle steht für die Hardware und ihre delikate softe Füllung für die Software. Nur im Zusammenspiel offenbaren sich das volle Aroma und der Produktnutzen. Die Praline war der Ausgangspunkt, um mit den Gästen in einen Dialog über die Vorzüge der entsprechenden Software und Hardware zu treten.

Interaktionsinstrument für Cross-Selling am Messestand

Sie wissen, dass die Interaktion und damit der Messeerfolg oftmals auch dadurch beeinträchtigt werden, dass jeder Mitarbeiter für seinen Bereich denkt und die anderen Bereiche links liegen lässt. Weiß er nicht, dass der Besucher noch an weiteren Lösungen der Firma interessiert sein könnte? Möglicherweise haben Sie selbst auch schon die Erfahrung gemacht, dass es gar nicht so einfach ist, für die anderen Bereiche auf dem Messestand mitzudenken, insbesondere dann, wenn man die „richtigen" Zahlen für seinen Bereich abliefern muss. Dies kann dazu führen, dass ein Auftrag verschenkt wird oder ein Marktbegleiter einen ersten Fuß bei Ihrem Kunden in die Tür bekommt.

Ein einfaches erprobtes Instrument, um trotzdem Cross-Selling am Messestand zu forcieren und Ihren Messeerfolg zu optimieren, ist die sogenannte *cognitive map*. Entwickelt wurde dieses Messemarketinginstrument für den Messeauftritt eines Konzernes mit einem Messestand von über 1000qm.

Zunächst einmal: Was ist eine *cognitive map*? Als kognitive Karte[18] (auch *mental map*) bezeichnet man die mentale Repräsentation, z.B. eines geografischen Raumes. Mit anderen Worten: Kognitive Karten sind mental vereinfachte Repräsentationen von mehrdimensionaler

---

[18] Vgl. Wikipedia: „kognitive Karte"

komplexer Realität. Die Abbildung der geografischen Realität ist nur eines vieler Beispiele. D.h. *cognitive maps* sind z.B. ein architektonisches und psychologisches Instrument, damit sich Menschen in Städten, Museen, Malls oder Feriendörfern schnell zurechtfinden.

Was hat jetzt dieses architektonische Mittel mit Interaktion und Cross-Selling am Messestand zu tun? Wie wäre es, wenn Sie die Interaktion mit einer kognitiven Landkarte von Ihrem Messestand forcieren? Wie meine ich das? Ganz einfach.

Nach einem Kundengespräch überreichen Sie dem Interessenten eine Postkarte. Auf der Rückseite enthält die Karte einen Getränkegutschein. Auf der Vorderseite ist eine skizzenhafte Standkarte mit den wichtigsten Produktbereichen abgebildet.

Sie genießen dadurch drei große Vorteile:

- Beim Überreichen des Gutscheines, kann der Mitarbeiter sehr elegant auf das weitere Produktportfolio hinweisen und entsprechende Fragen bzgl. des Bedarfs des Kunden stellen.

- Beim Kaffeetrinken beschäftigt sich der Besucher, in entspannter Atmosphäre, ganz automatisch mit Ihrem restlichen Portfolio.

- Nach der Kaffeepause unterstützt ihn die Karte dabei, den restlichen Stand zu erkunden und den für ihn vielleicht interessantesten Bereich zu finden.

Weitere Informationen zum Thema „cognitive maps" finden Sie in *Der verbotene Ort oder die inszenierte Verführung* von Christian Mikunda (2005).

Interaktionsinstrument: Messegespräch

Klar, der zentrale Punkt der Interaktion ist das Gespräch mit Ihren Mitarbeitern. Festgehalten wird das Gespräch im Messebericht, wobei in meinen Augen im klassischen Messebericht die wichtigsten Informationen für das Nachmessegeschäft meistens nicht festgehalten werden. Was ist dem Kunden wirklich wichtig? Warum ist dem Kunden dies wichtig? Und was würde es für den Kunden bedeuten, wenn dieses Problem gelöst wird?

Checkliste: Elemente Messe-Event

Diese Checkliste soll Sie dabei unterstützen, ein Messe-Eventkonzept vor der teuren Umsetzung auf seine Wirksamkeit hin zu untersuchen.

- Sind Ihre Messeziele klar definiert?
- Ist das Eventprofil ausgearbeitet?
- Welcher Hauptnutzen Ihres Produktes steht im Zentrum des Messe-Events?
- Wie wird die Aufmerksamkeit für Ihren Messestand erzeugt? Das gelingt in der Regel nicht mit Hostessen.
- Durch welche Module wird Ihr Nutzen kommuniziert?
- Wissen die Mitarbeiter davon, dass es ein Messe-Event gibt?
- Durch welchen Mechanismus wird die Übergabe der Besucher an die Mitarbeiter gewährleistet?
- Welche Kundenkontaktpunkte auf dem Stand sind emotionalisiert bzgl. Ihrer Zielsetzung?
- Wird die Geschichte des Events mit den Begriffen des Geschichtenkreises erzählt?
- Ist Ihr Nutzen mit allen Sinnen begreifbar, sodass auf Powerpoint, iPads, Filme und Splittwände verzichtet werden kann?
- Gibt es eventuell sogar ein Onlinemodul, um den Event vom Messestand in die Nachmessezeit zu verlängern?
- Gibt es eventuell ein passendes Give-away und Catering?
- Gibt es eventuell eine Idee, wie das Messe-Event für die Messeeinladung genutzt werden kann?
- Gibt es einen Aufhänger für das Nachmessegespräch?
- Wie werden die zusätzlichen qualifizierten Messekontakte nach der Messe bearbeitet? Ist genug Kapazität dafür da?

Literatur

Chabris, Simons: the invisible gorilla, HarperCollins Publishers 2010

Event-Lexikon, Technische Universität Chemnitz, www.eventlexikon.eu

Goess, Verena: Interaktive Elemente als Mittel zur Optimierung der Messebeteiligung, Bachelorthesis, Karlshochschule 2010

Häusel, Hans-Georg: Die wissenschaftliche Fundierung des Limbic Ansatzes, München 2011

Hellmich, Heike: Dynamik im Messe-Marketing der deutschen Investitionsgüterindustrie; Verlag Dr. Kovac (1998)

Joschke; Stemmann: Zen und Management. Moderne Verlagsges. Mvg (1995)

Kirstges; Schmoll: Der (un-)inszenierte Messeauftritt (S.82); ITF-Diskussionspapier Nr.2 (Mai 2010)

Kneisel, Katja: Eventmarketing auf Messen, Diplomarbeit TU Chemnitz 2002

McKee, Robert: Story – Die Prinzipien des Drehbuchschreibens, Alexander Verlag 2000

Mikunda, Christian: Der verbotene Ort oder Die inszenierte Verführung, Redline Wirtschaft 2005

Posner, Raichle: Bilder des Geistes, Spektrum Verlag 1996

Scheve v., Christian: Emotionen und soziale Strukturen, Campus Verlag 2009

Spitzer, Manfred: Lernen: Gehirnforschung und Schule des Lebens/ Manfred Spitzer-Heidelberg Spektrum Akademie Verlag, 2002

Wikipedia: „Kognitive Karte", http://de.wikipedia.org/wiki/Kognitive_Karte, Aufruf am 5.10.12

Zanger, C.: Ist der Erfolg kontrollierbar? In: Absatzwirtschaft 41, Jg., Heft 8/1998, S. 76–81

3 Hybride Messekommunikation

von Michael Geisser und Stefan Luppold

Einleitung

„Hybridität" bezeichnet eine Mischform von zwei zuvor getrennten Systemen. Bekannt ist der Begriff aus der Pflanzenwelt, verbreitet wurde er in den vergangenen Jahren durch die Automobil-Hersteller und deren hybride Antriebstechnologien (meist in Kombination von Verbrennungs- und Elektromotor).

Hybride Events vereinen zwei zuvor nebeneinander existierende Welten: diejenige der Präsenzveranstaltungen („Live-Kommunikation") mit jener der Online-Kommunikation.

Durch den technologischen Fortschritt verfügen wir heute nicht nur über leistungsfähige und einfach zu bedienende Endgeräte zur Online-Kommunikation, sondern erleben auch einen kontinuierlichen Ausbau der Bandbreiten zur Nutzung von Internet-Diensten. Hierdurch erfahren wir eine stetige Durchdringung und Anreicherung unseres Arbeits- und Berufslebens mit Online-Kommunikationsformen. Auch Events können sich diesem Trend nicht entziehen, sodass zwangsläufig hybride Veranstaltungsformen entstehen.

Diese neuen Formen dürfen jedoch nicht als eine Bedrohung der Eventbranche aufgefasst werden, sondern sollten als Bereicherung und logische Weiterentwicklung von den Protagonisten der MICE-Industrie aktiv mitgestaltet werden. Diese Betrachtung geht daher keinesfalls von einer potenziellen Substitution durch den technologischen Wandel aus, sondern postuliert vielmehr die Realisierung von Chancen durch einen Nutzen stiftenden, zielgerichteten Einsatz neuer Veranstaltungsformen.

Kongresse, Tagungen und Events stellen einen wichtigen Wirtschaftsfaktor mit klarer Zukunftsperspektive dar. Allein in Deutschland finden jährlich Veranstaltungen mit insgesamt über 300 Millionen Teilnehmern statt.[1] Persönliche Treffen von Kunden, Geschäftspartnern oder Kollegen werden auch in Zukunft noch der Vertrauensbildung dienen und daher für den geschäftlichen Erfolg unverzichtbar bleiben. Aufgrund der steigenden Komplexität und Vielschichtigkeit von Themen stellen somit Messen, Kongresse und Tagungen die Basis für die Entwicklung von Geschäftsfeldern und -beziehungen dar.

Parallel dazu wachsen aber, wie eingangs erläutert, die Möglichkeiten der Online-Kommunikation. In Zeiten der Globalisierung spielen geografische Distanzen eine immer geringere Rolle. Die Zahl virtueller Events, auf denen Teilnehmer Gehörtes vertiefen und sich neue Interessenten ohne Termindruck in Themen einarbeiten können, wird daher zwangsläufig steigen und das Angebot physischer Treffen weiter ergänzen. Diese Ergänzung kann dazu beitragen, die Effizienz von Veranstaltungsaktivitäten für Unternehmen, Behörden, Verbände und andere Einrichtungen zu erhöhen.

Insbesondere große und mittlere Unternehmen investieren erheblich und fortgesetzt in Messeauftritte; deren Wirkung bleibt jedoch meist auf einen Auftritt vor Ort beschränkt. Gleichzeitig verlagert sich immer häufiger die Kommunikation mit Kunden, Lieferanten und Partnern ins Netz. Dieser Trend wird durch die steigende Nutzung von Social Media in der externen Kommunikation noch verstärkt.

Um die angesprochenen Effizienzgewinne zu erreichen, müssen also Messeauftritte durch die sinnvolle und systematische Einbindung von Online-Kommunikationsformen ihren Wirkungsgrad erhöhen. Wie dies geschehen kann, soll in diesem Beitrag erörtert und anhand konkreter Beispiele dargelegt werden.

Hierzu wird nach zeitlichen Phasen unterschieden: in die den Messeauftritten zeitlich vorgelagerte Kommunikation (Pre Event Communication), die parallel zur Veranstaltung stattfindende Kommunikation sowie die zeitlich nachgelagerte Kommunikation (Post Event Communication). Diese drei Phasen werden aufeinanderfolgend analysiert. Daneben sind jeweils konkrete Handlungsempfehlungen zu finden. Abschließend wird anhand einer Fallstudie aufgezeigt, wie sich einige

---

[1] Vgl. GCB, German Convention Bureau (2012)

dieser Handlungsempfehlungen bereits in der Praxis bewährt haben. Hierzu wird die „Green Meetings & Events"-Konferenz aus dem Jahr 2011 herangezogen, die vom German Convention Bureau e. V. (GCB, siehe auch www.gcb.de) gemeinsam mit dem Europäischen Verband der Veranstaltungs-Centren e. V. (EVVC, siehe auch www.evvc.org) veranstaltet wurde.

Vorgelagerte Kommunikation

Begonnen wird mit einer Betrachtung der zeitlich vorgelagerten Kommunikation. In diesem Kontext kann gezeigt werden, wie Online-Kanäle im Vorfeld eines Messeauftritts systematisch zur Effizienzsteigerung beitragen – dies sind unter anderem eine Steigerung der Besucherzahlen am Messestand sowie eine Erhöhung der Wahrnehmung für Nicht-Besucher.

Einen essentiellen Part spielen hierbei die diversen Social Media-Kanäle. Im deutschsprachigen Raum sind die wichtigsten Kanäle zurzeit die drei sozialen Netzwerke Facebook, LinkedIn und XING sowie der Microblogging-Dienst Twitter. Zu beachten ist, dass durchaus nicht alle Dienste für jedes Unternehmen gleich wichtig sind.

Identifikation relevanter Social Media-Kanäle

Im ersten Schritt muss daher identifiziert werden, welche Social Media-Kanäle genutzt werden sollen. Für Unternehmen, die vorrangig im deutschsprachigen B2B-Umfeld[2] aktiv sind, ist XING die wichtigste Plattform. Im internationalen B2B-Umfeld übernimmt LinkedIn diese Rolle. Für B2C-Unternehmen[3] ist Facebook die wichtigste Plattform. Dies ist eine allgemeingültige Zuordnung, die jedoch im Einzelfall auch eine abweichende Bewertung erfahren kann.

Twitter spielt momentan eher (aber nicht ausschließlich) im internationalen Umfeld eine nicht unwichtige Rolle, allerdings mit zunehmen-

---

[2] B2B steht für „Business to Business" und bezeichnet die Beziehung von Unternehmen untereinander, z.B. von Kundenunternehmen zu Lieferanten.
[3] B2C steht für „Business to Consumer" und bezeichnet die Beziehungen zwischen Unternehmen und Konsumenten.

der Relevanz auch für das deutschsprachige Netz. Es muss zudem beachtet werden, dass aufgrund der hohen Dynamik im Social Media-Umfeld neue Kanäle schnell entstehen und etablierte Kanäle ihre Relevanz rasch wieder verlieren können.

Daher sollten sich Unternehmen regelmäßig über Trends im Social Media-Umfeld informieren, etwa über die kostenlos zugängliche Kompetenzplattform der im deutschsprachigen Bereich führenden Social Media Akademie[4]. Zudem ist es hilfreich, die zur Verfügung stehenden Kanäle mit den Zielgruppen oder Clustern auf eine Passung zu prüfen; auch hier gehen wir von einem dynamischen System aus, müssen also mit Veränderungen rechnen.

Durchführung der Social Media-Aktivitäten

Nachdem die Auswahl der relevanten Social Media-Kanäle erfolgt ist, muss festgelegt werden, welche Aktivitäten durchgeführt werden sollen. Bei sozialen Netzwerken sind im Regelfall die nachstehend aufgeführten Aktivitäten erfolgversprechend:

- direkte Ansprache bestehender Kontakte
- Suche und direkte Ansprache neuer Kontakte
- indirekte Ansprache potenziell Interessierter mittels Foren-Beiträgen
- Ansprache über Event-Einladungen

Zunächst können die direkten Kontakte der Unternehmensvertreter mittels persönlicher Nachrichten kontaktiert und zum Messebesuch animiert werden. Hierbei ist zu beachten, dass möglichst keine Doppelansprache, also sowohl per E-Mail als auch per Nachricht im sozialen Netzwerk, erfolgt.

Von Massenmails über soziale Netzwerke ist zudem abzuraten, da hierzu besser spezialisierte E-Mail-Werkzeuge Wirkung entfalten.[5] Weiterhin sollten Nachrichten über soziale Netzwerke keine Spam-

---

[4] Vgl. http://community.socialmediaakademie.de/
[5] Vgl. z.B. MailChimp: http://mailchimp.com/

Charakteristika aufweisen, sondern möglichst individuell in der Ansprache und im Inhalt zugeschnitten sein.

Jede Messe eignet sich auch hervorragend dazu, neue Kontakte zu generieren – und dies sogar schon im Vorfeld zur Messe. Hierzu bietet sich in den sozialen Netzwerken eine systematische Suche nach bestimmten Profilinformationen an. So können beispielsweise durch Angabe des Orts und einer Umkreissuche explizit Personen angeschrieben werden, die im regionalen Umfeld der jeweiligen Messe wohnen oder arbeiten.

Hier ist die Erfolgsquote meist relativ hoch, da eine lange An- und Abreise entfällt. Auch bei dieser Kontaktaufnahme sollte unbedingt darauf geachtet werden, die Ansprache möglichst individuell zu gestalten und mit einem Mehrwert für den Kontaktierten zu verbinden.

Neben der direkten Ansprache bestehender und neuer Kontakte können weitere Besucher generiert werden, indem in Form von Beiträgen in entsprechenden Foren bzw. Gruppen der sozialen Netzwerke auf den Messeauftritt hingewiesen wird. Ein Forums-/Gruppen-Beitrag kann mit einer Event-Einladung verbunden sein. Event-Einladungen können in den meisten sozialen Netzwerken generiert werden und bieten den Vorteil einer systematischen Erfassung der neu gewonnenen Kontaktdaten. Auch hier erhöht ein mit der Event-Anmeldung verbundener Mehrwert die Erfolgschance: Dies kann beispielsweise der Zugang zu einer Studie oder ein Gast-Ticket für die Messe sein.

Die eben beschriebenen Maßnahmen eignen sich dazu, die Quantität der Besucher zu erhöhen. Um nun auch noch die Qualität zu erhöhen, sollte versucht werden, konkrete Termine zu vereinbaren, bei denen bereits im Vorfeld die inhaltlichen Punkte des Gesprächs festgelegt werden. So wird sichergestellt, dass eventuell benötigte Fachexpertise auch vor Ort ist, falls diese gebraucht wird.

Eine Herausforderung für ausstellende Unternehmen ist die zeitliche Planung des Standpersonals. Spitzenzeiten lassen sich im Messeverlauf nicht vermeiden; jedoch kann eine „Glättung" durch möglichst viele vorabgestimmte Besuchstermine erreicht werden.

Als Fazit lässt sich festhalten, dass im Vorfeld eines Messeauftritts mittels Social Media-Kanäle sowohl die Quantität der Standbesucher als auch die Qualität des Messegesprächs erhöht werden können. Hierzu gilt es, zunächst eine erhöhte Aufmerksamkeit durch direkte und indirekte Ansprache zu erzeugen. Anschließend kann diese dann im direkten Kontakt noch vor der Messe konkretisiert werden.

Parallele Kommunikation

Social Media spielt nicht nur bei der vorgelagerten Kommunikation eine zentrale Rolle, sondern kann auch parallel zur Veranstaltung eingesetzt werden. Darüber lassen sich Fachvorträge per Live-Streaming übertragen. Beide Möglichkeiten werden im Folgenden beschrieben.

Social Media zur parallelen Kommunikation

Die Social Media-Kanäle unterscheiden sich hierbei nicht von den zuvor genannten. Allerdings ist zu hinterfragen, welches Ziel mit einer parallelen Online-Kommunikation erreicht werden soll. Zusätzliche Teilnehmer für den physischen Messeauftritt werden nur selten generiert – Kriterien für einen solchen Erfolg sind die Dauer der Messe (mehrtägig!) und die potenzielle Spontaneität von Besuchern (Kurzentschlossene!).

Es werden größtenteils Kontakte generiert, die nicht über den physischen Auftritt angesprochen werden können. Da diese Personen aber in der Regel trotzdem eine umgehende Kontaktaufnahme erwarten, kann dies zu Ressourcenengpässen bei dem ausstellenden Unternehmen führen. Denn neben dem Messeauftritt müssen zeitnah die eingehenden Online-Anfragen beantwortet werden.

Live-Streams zur parallelen Kommunikation

Ähnlich verhält es sich mit einem Live-Stream von Fachvorträgen. Auch hier werden Menschen erreicht, die sich nicht vor Ort befinden und somit zusätzlich zu den Besuchern vor Ort betreut werden müssen. Zudem fühlen sich Online-Teilnehmer oft in die zweite Reihe versetzt, da sie bei einem Live-Stream nur selten eingebunden werden. So ist es zwar technisch möglich, dass Online-Teilnehmer ihre Fragen an den Vortragenden vor Ort stellen, allerdings wird dies häufig ignoriert. Auch Fragen im Online-Chat bleiben unbeantwortet. Dies erhöht die

Frustration bei den Online-Teilnehmern, die sich nicht ernst genommen fühlen. Der Vortragende vor Ort wiederum realisiert dies nicht, da er sich ganz auf die im Raum physisch anwesenden Personen konzentriert.

Außerdem ist zu beachten, dass mit einem solchen Live-Stream Personen von einem Besuch vor Ort abgehalten werden könnten. Eine im Vorfeld angekündigte Live-Sendung schafft eine Handlungsalternative. Durch einen parallelen Live-Stream wird der physische Auftritt kannibalisiert; die Wirkung ist kontraproduktiv.

Als Fazit lässt sich festhalten, dass mit der parallelen Online-Kommunikation sehr vorsichtig umgegangen werden muss. Falls sie eingesetzt wird, so müssen die Ziele klar definiert und die Online-Teilnehmer eingebunden werden: zum einen durch eine Berücksichtigung ihrer Fragen während des Live-Streams und zum anderen durch möglichst zeitnahe Folgegespräche.

Gerade letzteres kann allerdings die Ressourcen von Unternehmen über die Grenzen hinaus belasten. Eine vorsichtig-progressive und möglichst mehrstufige Herangehensweise schafft Sicherheit im Umgang, liefert Erfahrungswerte und kann so einen Einstieg „Schritt für Schritt" sicherstellen.

Nachgelagerte Kommunikation

Nach einem physischen Messeauftritt stellt sich die Frage, wie die in den Messeauftritt investierten Ressourcen eine möglichst nachhaltige Wirkung erreichen können. Nachhaltigkeit bezieht sich hierbei auf die Messeziele, die in der Regel aus einem Mix bestehen, der wiederum kurz-, mittel- und längerfristige Effekte beabsichtigt.

Hierzu gibt es zwei Ansatzpunkte: Zum einen können neu gewonnene Kontakte per Social Media an das Unternehmen gebunden werden, zum anderen kann die Reichweite des Messeauftritts signifikant erhöht werden, indem ein zeitlich nachgelagertes, virtuelles Event veranstaltet wird.

Kundenbindung per Social Media

Zunächst liegt der Fokus auf dem ersten Ansatz, der Überführung der auf der Messe gesammelten Kontakte in die sozialen Kanäle und Netzwerke des Unternehmens. Während eine Übernahme der neuen Kontakte in das firmeneigene Customer Relationship Management (CRM)-System üblicherweise standardmäßig erfolgt, werden die Social Media-Kanäle häufig vernachlässigt.

Im Gegensatz zu einem CRM-System kann die Kundenbeziehung per Social Media beidseitig gepflegt werden: nicht nur vom jeweiligen Unternehmen aus, sondern auch aktiv von den potenziellen Kunden. Dieser Paradigmenwechsel rückt die Interessenten auf Augenhöhe mit dem Unternehmen. Dies mag zwar zunächst einigen traditionell orientieren Marketingexperten suspekt erscheinen, jedoch ergibt sich aus dieser neu gewichteten Beziehung ein enormes Potenzial. Kunden können aktiv an der Entwicklung neuer oder verbesserter Produkte beteiligt (Stichwort „Crowdsourcing"[6]) sowie schnell und effizient über neue Aktionen informiert werden.

Im Zentrum dieses Ansatzes liegt die Intensivierung der Beziehung mit bereits gewonnenen Kontakten. Neben dieser Verbindung wird durch ein aktiv unterstütztes „Community-Building" die Vernetzung von Kunden und Partnern untereinander gefördert. So lösen sich oftmals Probleme ohne aktive Einmischung des Unternehmens, durch die Community selbst gesteuert.

Diese Form der Kommunikation entwickelt im positiven Fall eine Eigendynamik, die eine Steigerung der Markenwahrnehmung und eine erhöhte Identifikation mit dem Unternehmen zur Folge hat. „Masse macht Marke" – ein Unternehmen schränkt zu Gunsten einer offenen und vielschichtigen Kommunikation den Monolog auf das Notwendigste ein.

---

[6] Howe, J. (2008)

Durchführung eines virtuellen Events

Mit dem zweiten Ansatz, der Ausrichtung eines virtuellen Events im Nachgang zum Messeauftritt, werden nicht nur bestehende Kontakte gepflegt, sondern auch neue Kontakte gewonnen. Zielgruppe eines solchen virtuellen Events sind insbesondere die Personen, die der Einladung zum Besuch des physischen Messeauftritts nicht nachkommen konnten.

Ein virtuelles Event stellt eine Kombination aus multimedialer Präsentation und Interaktion dar. Es ist damit mehr als lediglich die Übertragung von Inhalten in oder durch digitale Medien, da immer das wechselseitige Einwirken der Akteure, die Interaktion, als Bestandteil vorkommt. Die Systemtheorie beschreibt dies als die „Kommunikation unter Anwesenden", wobei offen bleibt, in welcher Form sich Anwesenheit ausdrückt.

Die Ziele entsprechen grundsätzlich denen einer physischen Veranstaltung: Teilnehmer erhalten Informationen zu einem bestimmten Thema und tauschen sich zugleich untereinander und mit den Veranstaltern aus. Ein gutes Konzept für ein virtuelles Event berücksichtigt beide Ziele gleichermaßen.

Daher unterscheidet es sich maßgeblich von traditionellen Mitteln zur Online-Kommunikation, die entweder sehr stark die Interaktion in kleinen Gruppen fokussieren (z.B. Online-Meetings) oder eine reine Informationsübertragung an große Gruppen ermöglichen (z.B. Web-Casts).

Virtuelle Events bringen zahlreiche Vorteile mit sich: geringere Kosten, erhöhte Reichweite, effiziente Interaktion mit Teilnehmern, hohe Flexibilität und eine Reduktion von Umweltbelastungen[7].

Ein virtuelles Event besteht in der Regel aus mehreren Komponenten: Zum einen werden Fachvorträge und Themen-Chats angeboten, zum anderen gibt es an virtuellen Messeständen weiterführende Informationen in Form von Dokumenten und Videos. An diesen Ständen stehen zudem Ansprechpartner für eine direkte Kontaktaufnahme zur Verfü-

---

[7] Siehe http://www.ubivent.com/de/virtuelle-events-vorteile

gung, die von den Besuchern per Live-Chat angesprochen werden können.

Sämtliche der erforderlichen Materialien sind vorhanden, da sie bereits für den physischen Messeauftritt erstellt wurden; meist liegen digitale Versionen vor, die für das virtuelle Event wiederverwendet werden können.

Die angesprochenen Vorträge müssen gegebenenfalls noch produziert werden, sofern keine Videos vorliegen. Hier bietet es sich an, am Messestand während der physischen Messe Interviews mit Produktmanagern oder anderen Unternehmensvertretern zu führen oder Vorträge aufzuzeichnen, die vor Ort gehalten werden. Dies unterstreicht Wertigkeit, Aktualität und Authentizität.

Diese Videovorträge sollten bei dem virtuellen Event nicht jederzeit „on demand" abrufbar sein, sondern zu vorher definierten Zeitpunkten abgespielt werden. So können Gruppenchats nach den Vorträgen angeboten werden, damit Online-Teilnehmer ihre Fragen direkt im Anschluss zu den jeweiligen Videos stellen können.

In der Praxis kann beobachtet werden, dass bei Online-Vorträgen deutlich mehr Fragen gestellt werden als bei Präsenz-Vorträgen. Dies liegt insbesondere darin begründet, dass es vielen Personen einfacher fällt, ihre Frage in einen Chat einzugeben als in einem Raum mit Publikum eine Frage zu stellen. Gleichzeitig schafft die Festlegung eines definierten und nicht beliebigen Zeitpunktes nicht nur einen geordneten Konsum, sondern insbesondere eine der realen Veranstaltung entsprechende Verortung der Teilnehmer im „Hier und Jetzt".

Das virtuelle Event sollte also eine Kombination aus Messeauftritt und Vorträgen sein. Letztere dienen insbesondere dazu, möglichst viele Teilnehmer auf den Auftritt aufmerksam zu machen und inhaltlich zu informieren. Individuelle Rückfragen und Informationsbedarfe können dann am virtuellen Messestand erfolgen.

Als Fazit kann konstatiert werden, dass in der zeitlich nachgelagerten Kommunikation bereits gewonnene Kontakte intensiv an das Unternehmen gebunden werden können. Gleichzeitig lassen sich durch ein virtuelles Event sowohl die Reichweite als auch die Nachhaltigkeit des

Messeauftritts signifikant erhöhen. Aufwendungen stehen quantitative wie qualitative Verbesserungspotenziale gegenüber.

Für das Crowdsourcing existieren bereits ausführliche Fallstudien[8]. Daher soll das nachfolgende Praxisbeispiel einen Einblick dahingehend vermitteln, wie eine physische Veranstaltung durch ein virtuelles Event ergänzt werden kann.

Fallstudie

Als Impulsgeber der Veranstaltungsbranche hat das German Convention Bureau e.V. (GCB) mit einer virtuellen Ergänzung der „Green Meetings & Events"-Konferenz bewiesen, wie der technologische Fortschritt nachhaltig in Veranstaltungsaktivitäten integriert werden kann. Hintergründe dazu liefert diese Fallstudie.

Das GCB engagiert sich im Bereich Nachhaltigkeit, unter anderem um das Thema „Green Meetings" in der MICE-Branche und im gesellschaftlichen Dialog zu verankern. Bei der hohen Zahl an Veranstaltungen wird rasch deutlich, dass die An- und Abreise, die Versorgung vor Ort sowie Verbrauch von Strom und Wasser einen verhältnismäßig großen ökologischen Fußabdruck hinterlassen.

Dieser Fußabdruck lässt sich durch gezielte Maßnahmen deutlich reduzieren. Daher hat sich das GCB zum Ziel gesetzt, Veranstaltungsplaner und Dienstleister für das Thema Nachhaltigkeit zu sensibilisieren sowie konkrete Handlungsempfehlungen und Tipps für ein nachhaltiges Veranstaltungsmanagement zu geben.

Ganz zentral in diesem Nachhaltigkeitsengagement steht die „Green Meetings & Events"-Konferenz, die vom GCB gemeinsam mit dem EVVC veranstaltet wird. Bei dieser Konferenz zur Organisation umweltgerechter Veranstaltungen diskutieren renommierte Experten aus Praxis, Politik und Wissenschaft, wie Konferenzen umweltfreundlich realisiert werden können. Zu den Keynote Speakern gehörten 2011 Jürgen Trittin und Prof. Dr. Dr. h.c. Ernst Ulrich von Weizsäcker.

---

[8] Vgl. Bayus 2012

Die Konferenz fand im Congress Centrum Mainz statt und dauerte zwei Tage; insgesamt 400 Teilnehmer konnten begrüßt werden. Diese hatten Gelegenheit, 14 Vorträge sowie acht Workshops zu besuchen. Unterstützt wurde die Veranstaltung von 10 Ausstellern, die neben einer inhaltlichen Zusteuerung von Vorträgen und Workshops auch mit Messeständen vertreten waren.

Zeitlich nachgelagert wurde die Konferenz als eintägige virtuelle Veranstaltung auf der ubivent-Plattform für virtuelle Events[9] durchgeführt. Auf der virtuellen Konferenz konnten nicht nur sämtliche Vorträge der beiden physischen Tage angesehen werden, es wurde darüber hinaus ein spezielles Programm für das Online-Publikum zusammengestellt. Dieses bestand aus drei Fachvorträgen, an deren Anschluss die Vortragenden den Online-Teilnehmern in einem Live-Chat Rede und Antwort standen.

Darüber hinaus wurden an virtuellen Informationsständen die Ergebnisse ausgewählter Workshops präsentiert, die im Congress Centrum Mainz stattgefunden hatten. Hier wurden den virtuellen Teilnehmern nicht nur Präsentationen und Videos geboten, sondern zudem Live-Chats mit den Workshopleitern. Durch die Twitter-Integration der ubivent-Plattform und eine virtuelle Lounge wurde daneben das Netzwerken zwischen allen Teilnehmern gefördert.

Auf diese Weise konnten sich die Online-Teilnehmer sehr intensiv mit den Inhalten der „Green Meetings & Events"-Konferenz beschäftigen. Matthias Schultze, Geschäftsführer des GCB, zog folgendes Fazit zu diesem virtuellen Event: „Durch die Verbindung der physischen mit einer virtuellen Konferenz haben wir nicht nur mehr Menschen angesprochen. Teilnehmer der physischen Konferenz erhalten auch die Möglichkeit, sich im Anschluss noch intensiver mit den Inhalten zu beschäftigen, als es bei einer rein physischen Konferenz möglich ist."

Die Statistiken der virtuellen Ergänzung bestätigen die Einschätzung von Matthias Schultze: Es nahmen über 200 registrierte Gäste teil, wodurch die Reichweite um 50% erhöht werden konnte. Die zeitliche Verteilung der Besuche zeigt auf, dass die drei Vorträge und Grup-

---

[9] Siehe http://www.ubivent.com/

penchats um 13:00 Uhr, 14:00 Uhr und 15:00 Uhr maßgeblich zu diesem Erfolg beitragen konnten (vgl. Abbildung 1).

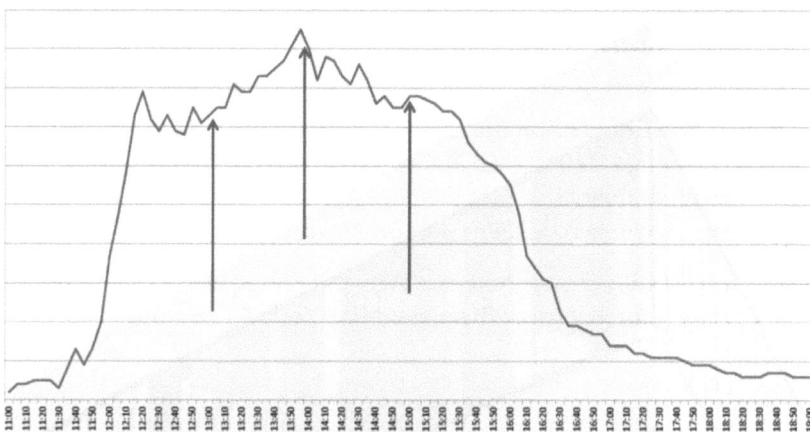

Abbildung 1: Gleichzeitige Zugriffe der Teilnehmer am Event-Tag (Quelle: ubivent GmbH)

Durch die virtuelle Verlängerung der Konferenz konnte somit die Teilnehmerzahl deutlich erhöht werden. Hierdurch wurden insbesondere bei den Themen „Wirtschaftlichkeit" und „Nachhaltigkeit" neue Maßstäbe gesetzt und dadurch die Ziele der Fachkonferenz optimal unterstützt.

Joachim König, Präsident des EVVC, hielt hierzu fest: „Die durchgehend positive Resonanz hat uns bestätigt, dass virtuelle und physische Events nicht in Konkurrenz zueinander stehen, sondern sich ergänzen. Der Ausbau dieser kombinierten Angebote ist ein wichtiger Schritt, Deutschlands führende Position im globalen Tagungs- und Kongressmarkt weiter zu stärken."

Weitere Informationen zu dieser Fallstudie können der Webseite von ubivent entnommen werden.[10]

---

[10] Siehe http://www.ubivent.com/de/online-events-german-convention-bureau

Literatur

Bayus, Barry L. (2012): Crowdsourcing New Product Ideas Over Time: An Analysis of Dell's Ideastorm Community (2012). Abrufbar über: http://papers.ssrn.com/sol3/papers.cfm?abstract_id = 1979557. 26.09.2012.

GCB, German Convention Bureau e. V. (2012): Wort für Wort. Jahresbericht 2011/2012 – GCB German Convention Bureau e. V. Abrufbar über: http://www.gcb.de/de/newsroom/downloads. 19.10.2012.

Howe, Jeff (2008): Crowdsourcing: Why the Power of the Crowd is Driving the Future of Business. New York: Crown Business.

4 Messekommunikation durch Social Media Marketing

von Markus Dickhardt und Helge Ruff

Social Media als Teil der Gesellschaft

Das World Wide Web entwickelt sich in einem rasanten Tempo und prägt unser Zeitalter durch Digitalisierung, Technologisierung und computergestützte Datenverarbeitung, sodass Daten in einer unvorstellbaren Größenordnung jederzeit und allerorts verfügbar sind.

Das wohl bemerkenswerteste Phänomen unserer Zeit ist die plötzliche und unaufhaltsame Verbreitung sozialer Medien. Anfänglich wurden soziale Netzwerke von vielen skeptisch betrachtet, doch sie sind keine temporäre Modeerscheinung und sind nicht mehr aus dem täglichen Leben wegzudenken. Sie bilden ein gesamtgesellschaftliches Phänomen, da sie von einem überwiegenden Teil der Bevölkerung nicht nur genutzt und in das tägliche Leben integriert werden, sondern als selbstverständlich angesehen und akzeptiert werden. Wir können online mit unseren Freunden weltweit kommunizieren und sie rund um die Uhr über unser Leben informieren.

Facebook ist das weltweit bekannteste und beliebteste unter den sozialen Netzwerken. Dabei tauschen sich Menschen in ihren Freundeskreisen virtuell aus und teilen private Informationen miteinander. Bilder werden veröffentlicht, Beiträge anderer kommentiert und bewertet. Der „Gefällt mir-Daumen" für Beiträge, Kommentare und Seiten wurde zu einem weltbekannten Symbol. Auf keiner anderen Social Media-Plattform sind so viele Unternehmen mit einem Profil vertreten wie auf Facebook. Weltweit 900 Millionen User inklusive der Hälfte[1] aller deutschen Internetnutzer sorgen dafür, dass sich Nachrichten wie ein Lauffeuer verbreiten (Stand Mai 2012).

---

[1] Bitcom 2012a

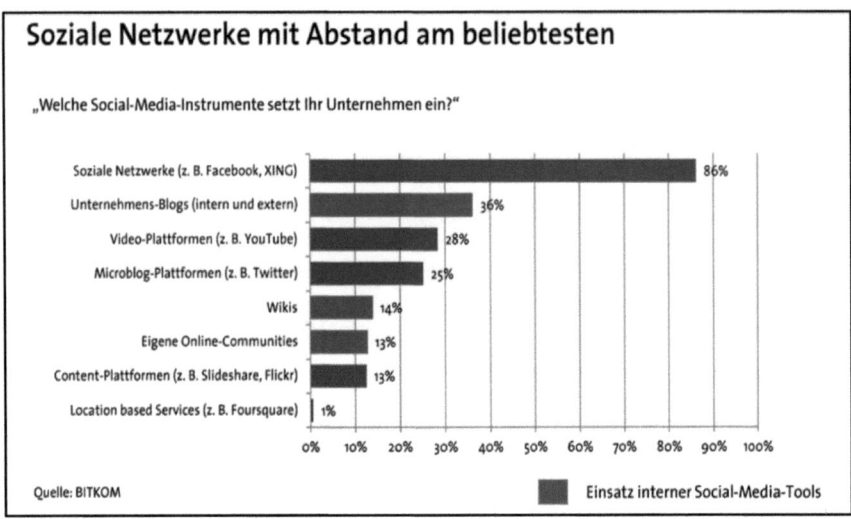

Abbildung 1: Nutzung von Social Media in Unternehmen

Weitaus mehr als 50% aller Internetnutzer in Deutschland sind Mitglied in einem sozialen Netzwerk[2]. Facebook wird dabei – mit 45% der Internetnutzer – am häufigsten genutzt. 16% ihrer Onlinezeit verbringen sie auf Facebook. Dieses Potenzial der Social Media nutzen knapp 47% aller Unternehmen in Deutschland[3].

Von Datenschützern kritisiert und von autoritären Regimen gefürchtet, sind soziale Netzwerke das Austauschmedium der Gegenwart.

Konsequenz dieser gesamtgesellschaftlichen Entwicklung ist, dass auch Unternehmen eine Chance darin sehen, sich in die Gespräche auf den Plattformen einzumischen, um sie für werbliche Zwecke zu nutzen. Social Media Marketing hat sich als wichtiger Bestandteil der Marketing- und Kommunikationsstrategie der Unternehmen etabliert.

Im Folgenden werden Besonderheiten der Kommunikation in Social Media aufgezeigt und es wird verdeutlicht, wie Unternehmen ihre

---

[2] Statistisches Bundesamt 2012
[3] Bitkom 2012b

Messekommunikation dort integrieren. Es wird dargestellt, wie soziale Netzwerke die Wirksamkeit eines Messeauftrittes unterstützen.

Eine Verknüpfung kann sowohl in der Phase vor, während als auch nach einer Messe erfolgen. Jede einzelne Phase kann hierbei ein anderes Kommunikationsziel verfolgen. Grob kann zwischen der Informationsphase, der Erweiterung der Reichweite während der Messe und der Phase zur effektiveren Kundenbindung nach einer Messe unterteilt werden.

Im weiteren Verlauf des Kapitels erhält der Leser eine genauere Vorstellung über die Besonderheiten der Kommunikation in Social Media. Durch die Vielseitigkeit lassen sich diverse unterschiedliche Zielrichtungen verfolgen. Je nach Ausrichtung leitet sich aus den Zielen die Social Media-Strategie ab.

Unabhängig davon, ob sich ein Unternehmen auf einer Messe präsentieren oder sich die gesamte Messe als Gesellschaft präsentieren möchte, entstehen unterschiedliche, jeweils sehr spannende Umsetzungsmöglichkeiten. Aktuelle Fallbeispiele aus der Praxis verdeutlichen die Integration der Messekommunikation in Social Media-Kanälen.

Was genau ist eigentlich Social Media?

Unter dem Begriff Social Media, oder auch „Soziale Medien", versteht man die interaktive Kommunikation zwischen Menschen, die durch den Einsatz von webbasierten Plattformen unterstützt wird. Soziale Medien sind Netzwerke, die Benutzern einen gegenseitigen Austausch von Emotionen, Meinungen, Erfahrungen und Ideen ermöglichen. Der Austausch erfolgt etwa durch das Veröffentlichen von Texten, Fotos, Videos oder Podcasts.

Im Gegensatz zu der anfänglichen Internetnutzung ab den 1990er Jahren ist die heutige Onlinenutzung keine „Einbahnstraßen-Kommunikation", sondern besteht aus medialen Dialogen. Es gibt also keine Hierarchie zwischen Sender und Empfänger oder Konsument und Produzent von Informationen (one to many), sondern jeder kann für alle Informationen bereitstellen (many to many), oder Inhalte können gemeinsam erstellt werden (user generated content)[4]. Diese neuartige Kommunikationsform wird auch Web 2.0 Kommunikation genannt, weil sie eine Weiterentwicklung – eine „Folge" – des ursprünglichen Internetformats und der klassischen Werbung darstellt. Verbraucher suchen im Social Web informative, unterhaltende und aktuelle Inhalte, um diese zu teilen, zu verbreiten, zu kommentieren und vernetzen sich aufgrund gemeinsamer Freunde, Interessen und Arbeit. Somit bekommt das Netz eine „soziale" Komponente und schafft Interaktion.

Soziale Netzwerke sind global, jeder kann Teil dessen sein, alle können ihr Wissen und Können präsentieren und interessante Inhalte unmittelbar in Umlauf bringen, was durch eine Kommunikation in Echtzeit ermöglicht wird. Zudem ist die Handhabung sehr einfach – ein Facebook- oder Twitter-Account ist schnell erstellt, ein Handyvideo in Windeseile auf YouTube hochgeladen.

Der große Unterschied zu klassischen Kommunikationskanälen ist, dass sich die Nutzer sozialer Medien dazu entschließen, freiwillig die Botschaften eines Unternehmens zu erhalten. Dies hat einen großen Effekt auf die grundsätzliche Akzeptanz gegenüber den verbreiteten Inhalten eines Unternehmens. Im Allgemeinen nehmen die Nutzer die Botschaften in ihrer gewohnten Umgebung auf Facebook und Co. besser wahr, weil sie nicht zwangsläufig als Werbung eingestuft werden.

Auch für Unternehmen mit Messebezug ist es möglich, mit dem potenziellen Besucher oder Kunden in direkten Kontakt zu treten und auf Augenhöhe webbasiert zu kommunizieren. Sie können sich dadurch einen Wettbewerbsvorteil sichern und nutzen so das wirtschaftliche Potenzial dieser Medienform.

Orientierung der Social Media-Aktivitäten auf bestimmte Ziele

Jedes Unternehmen, das die Möglichkeiten sozialer Medien nutzt, sollte seine Aktivitäten nach definierten Zielen ausrichten. Aus ihnen leitet sich die spätere Strategie in der Umsetzung ab. Diese Ziele können unterschiedlichster Natur sein und sich auch zeitlich an verschiedenen Phasen orientieren.

---

[4] Chadwick 2006, S. 5

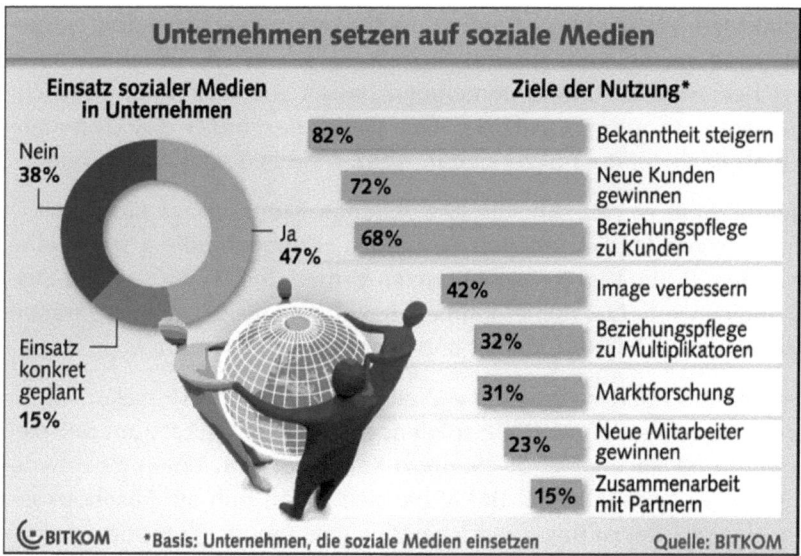

Abbildung 2: Ziele von Unternehmen in sozialen Medien

Für Messen würde es sich empfehlen, die Reichweite von Social Media zu nutzen, um **Aufmerksamkeit zu erzeugen** und **Informationen zu streuen**. Zum Beispiel wird die Aufmerksamkeit auf einen anstehenden Messeauftritt gerichtet, um die Anzahl der Besucher auf dem eigenen Stand zu steigern. Schafft es das Unternehmen gezielt Botschaften zu streuen, besteht die Aussicht, dass die Nutzer über die Inhalte diskutieren und sich Nachrichten so verbreiten.

Diskussionen von Nutzern untereinander haben für Unternehmen einen besonders hohen Wert. Inhalte verbreiten sich über die Diskussion in Freundeskreisen und werden nicht zwangsläufig vom Unternehmen direkt übermittelt.

Wie bereits erwähnt ist Social Media ein Dialog-Medium, welches Unternehmen die Möglichkeit gibt, direkt und im großen Umfang öffentlich mit ihren Zielgruppen zu sprechen. Unternehmen können diese Eigenschaft nutzen, um aktiv **Feedback** einzuholen. Potenzielle Kunden können so Events wie Messen oder Produkte in gewissem Rahmen aktiv mitgestalten. Durch dieses Erlebnis fühlen sich Kunden ernst genommen und entwickeln Sympathien für Marken.

Social Media Marketing ist jedoch nicht auf kurzfristigen Erfolg ausgelegt, sondern vielmehr als ein Prozess zu verstehen. Die Beziehung zwischen Nutzern und Unternehmen basiert auf Vertrauen, das nicht von heute auf morgen entsteht. Nur wenn die Nutzer das Unternehmen als Dialogpartner akzeptieren, werden sie in einen Dialog treten.

Wichtig wäre es deshalb, die gewonnenen Kontakte auf einer Messe durch soziale Medien an sich zu binden. **Kundenbindung** spielt eine besondere Rolle. Kundenbeziehungen werden über einen stetigen Dialog intensiviert. Das Unternehmen bekommt die Chance, Vertrauen aufzubauen, indem es Qualität und Expertise demonstriert.

Es existieren noch viele weitere Ziele, die jedoch im Messekontext eher eine untergeordnete Rolle spielen. Die Telekom nutzt zum Beispiel Twitter[5] und Facebook[6] als **Support**-Kanal zur effizienten Beantwortung von Kundenanliegen. BMW hat sich schon früh auf Facebook einen eigenen **Recruiting**-Kanal[7] eingerichtet, um sich so potenziellen Bewerbern schmackhaft zu machen.

Eine direkte **Umsatzsteigerung** sollte kein Primär-Ziel sein, welches von Anfang an im Fokus steht. Wie bereits erwähnt, basiert der Erfolg in sozialen Medien auf Vertrauen. Dieses muss man sich im Laufe der Zeit erarbeiten. Hierbei können durchaus Parallelen zum Privatleben gezogen werden.

Ein Beispiel: Wenn Sie Ihren Freunden das Gefühl geben, dass Sie ständig versuchen, ihnen etwas zu verkaufen, z.B. eine Versicherung, werden sie sich früher oder später von Ihnen abkehren. Ähnlich ist es in sozialen Medien. Je mehr Sie versuchen etwas zu verkaufen, desto weniger werden Sie es schaffen. Die Umsatzsteigerung ist vielmehr ein Resultat aus einer verbesserten Kundenbeziehung.

Die bedeutendsten Social Media-Plattformen

Neben den Social Media-Zielen stellt sich die Frage, welche Social Media-Kanäle im Rahmen der Messekommunikation zum Einsatz kommen könnten. Die Auswahl an Plattformen ist groß, wobei die De-

---

[5] https://twitter.com/Telekom_hilft
[6] https://www.facebook.com/telekomhilft
[7] https://www.facebook.com/bmwkarriere

vise nicht „dabei sein ist alles" heißen darf. Social Media Marketing bedeutet viel Arbeit und der Erfolg ist sicher eher durch die intensive Bearbeitung eines Kanals zu erreichen, statt überall nur vertreten zu sein. Wir wollen an dieser Stelle nur kurz auf die Charakteristika der wichtigsten Plattformen eingehen:

Wie bereits erwähnt, stellt **Facebook** den reichweitenstärksten Kanal mit mehr als 900 Mio. aktiven Nutzern (Stand März 2012)[8] dar. Zugleich bietet er Unternehmen die vielfältigsten Möglichkeiten, sich ihrer Zielgruppe zu präsentieren.

Firmen können sich eigene Profile (sog. Unternehmensseiten oder Fanpages) anlegen und diese mit medialen Inhalten wie Fotos und Videos füllen. Eine Unternehmensseite beinhaltet verschiedene Unterseiten, auf denen beliebige webbasierte Inhalte wie kleine Spiele oder Programme (Apps) integriert werden können.

Zudem bietet Facebook Unternehmen die Möglichkeit der zielgruppenspezifischen Werbung. Das genaue Targeting orientiert sich dabei an den Interessen der User. Es können zum Beispiel im Vorfeld einer Messe genau Zielgruppen herausgesucht werden, womit entweder die eigene Unternehmensseite auf Facebook oder die eigene Unternehmenspräsenz beworben werden kann.

Neben Facebook existieren weitere Kanäle, die sich in die Social Media-Strategie integrieren lassen. Beispielsweise ist **Google Plus** von der Funktionsweise sehr ähnlich aufgebaut wie Facebook. Auch hier tauscht man sich mit seinen Freunden virtuell aus, kommentiert und gibt ein „ + 1" für ansprechende Bilder und Beiträge. Auch können sich Unternehmen eigene Profile anlegen. Anders als bei Facebook lässt sich die eigene Unternehmensseite auf Google Plus nicht durch plattforminterne Anzeigen bewerben und es können auch keine Anwendungen (Apps) in eine Seite integriert werden. (Insgesamt sind 100 Millionen Nutzer auf dieser Plattform angemeldet (Stand April 2012).)[9]

Daneben findet sich die Mikroblog-Plattform **Twitter**, bei der mit maximal 140 Zeichen Nachrichten in SMS-Form ins Netz getragen wer-

---

[8] Facebook Newsroom (2012)
[9] My Google Plus (2012)

den. Diese Plattform eignet sich besonders für die schnelle Verbreitung von kurzen Nachrichten, Updates und Informationen. Eine Unterscheidung zwischen Nutzerprofilen und Unternehmensprofilen gibt es nicht. Dieser Dienst (550.000 aktive deutschsprachige Nutzer Ende 2011[10]) wird zwar weniger häufig als Facebook genutzt, jedoch ist Twitter in der Werbe- und Internetbranche durchaus akzeptiert.

Die Video-Plattform **YouTube** darf nicht unerwähnt bleiben. Auf YouTube laden private wie auch geschäftliche Nutzer Videos hoch, die alles Erdenkliche beinhalten. Ob Spaßvideos, Produktinformationen, Tutorials – auf YouTube ist fast alles zu finden. Die Plattform ist mit 800 Mio. Usern[11] die weltweit größte Video-Community und wird als Alternative – ja sogar als ernstzunehmende Konkurrenz – zum Fernsehen betrachtet. Gute Videos verbreiten sich durch YouTube schnell auch in andere Netzwerke und erreichen ein großes Publikum mit nicht selten Millionen von Zuschauern für ein einzelnes Video. Sogar Fernsehsendungen berichten von populären YouTube-Clips.

Xing ist hingegen ein auf die Berufswelt ausgerichteter Social Media-Kanal. Er wird vorwiegend geschäftlich genutzt, um berufliche Kontakte zu knüpfen, zu pflegen und gutes Personal zu rekrutieren, sich über bestimmte Themen in Foren zu informieren oder sich als Experte darzustellen. Xing hat weltweit 12 Millionen User[12]. Es bietet sich hervorragend an, um eine persönliche „virtuelle Visitenkarte" zu erstellen und sie mit anderen auszutauschen.

Die Integration der Messekommunikation in Social Media

Bisher nutzen nur wenige Unternehmen die Potenziale aus der Verknüpfung von Social Media und Messen, obwohl durch eine kreative Verknüpfung eine deutliche Steigerung in der Wirkung von Messen entstehen könnte.

Was steckt hinter dem Gedanken? Im Vorfeld wird ein großer Aufwand in die Planung und Gestaltung des Messestandes investiert. Es werden Broschüren gedruckt, Exponate bereitgestellt und aufwändige Stände

---

[10] Statista (2011)
[11] Youtube Blog 2012
[12] Xing 2012

konzipiert. Zu guter Letzt entscheidet, wie viele Kontakte auf einer Messe erzielt wurden, ob sich der Aufwand gelohnt hat oder nicht. Die Messe ein örtlich festgelegtes Event – nicht jeder kann und möchte die Mühen auf sich nehmen, dieses Event vor Ort zu besuchen, selbst wenn ihn das Thema interessiert. Dieser Fall klingt schon jetzt nach ungenutztem Potenzial.

Wie jedoch kann die Wirkungsweise der Messe durch Social Media ausgeweitet werden? Grundsätzlich lassen sich Anknüpfungspunkte für soziale Medien vor, während und nach einer Messe identifizieren.

Die Kommunikation von Messeaktivitäten findet sich in drei Eckpunkten wieder:

- redaktionelle Inhalte (Content)
- Aufbau des Social Media-Kanals
- Kampagnen und Werbeaktionen

Die **redaktionellen Inhalte** werden in Form von Beiträgen (Posts) regelmäßig in den einzelnen Social Media-Kanälen veröffentlicht. User, die sich in den jeweiligen Kanälen mit dem Unternehmen verknüpft haben, empfangen diese Nachrichten und können diese kommentieren oder bewerten. Der Austausch zwischen Nutzern und Unternehmen über Posts ist von hoher Bedeutung, weil sie einen kontinuierlichen Dialog mit dem Unternehmen darstellen. Es stellt sich lediglich die Frage, welche Inhalte wann an die Nutzer gesendet werden.

Jeder Social Media-Kanal hat einen bestimmten **Aufbau.** Auf Facebook zum Beispiel können der großflächige Profil-Header, das Profilbild und einzelne Unterseiten individualisiert werden. Auf Twitter können beliebige Hintergrundbilder eingestellt werden. Jede individualisierbare Fläche bietet Ihnen die Möglichkeit, Informationen zu teilen. Sie haben also unendliche viele Möglichkeiten, Informationen von einer Messe direkt einer viel größeren Zielgruppe, zum Beispiel auf Facebook, zugänglich zu machen.

Kreative **Kampagnen** vor oder während der Messe bieten gute Möglichkeiten, Aufmerksamkeit zu erzeugen. Gewinnspiele zum Beispiel können in kreativen Apps Aufmerksamkeit auf eine Messe lenken und dabei sogar zusätzliche Besucher gewinnen.

Allgemein unterscheiden wir auch zwischen einem Unternehmen, welches sich als Aussteller auf eine Messe begibt (Aussteller) und einer Messegesellschaft. Diese Unterscheidung ist deshalb sinnvoll, weil diese Unternehmen unterschiedliche Voraussetzungen und Ziele verfolgen.

Unternehmen mit einem eigenen Stand auf einer Messe möchten ihre Produkte präsentieren und sind daran interessiert, möglichst viele Personen aus der Zielgruppe durch den Messestand zu erreichen. Ihre Kommunikation könnte sich sowohl an Geschäftskunden als auch an Endkonsumenten richten. Für die Nutzung von Social Media als verlängerter Arm der Messekommunikation spielt das allerdings keine Rolle.

Auch für **Messegesellschaften** bringt die Nutzung sozialer Medien klare Vorteile mit sich. Die Herausforderung dabei ist, zwei grundlegend verschiedene Zielgruppen anzusprechen. Auf der einen Seite soll das Interesse potenzieller Besucher auf die Messe gelenkt werden. Zum anderen steigt hierdurch die Relevanz der Messe für die Aussteller, die ebenfalls im Fokus der Kommunikation stehen.

Social Media Marketing für Aussteller

Betrachten wir zunächst ein Unternehmen, das als Aussteller auf einer Messe tätig ist. Ein Einsatz von Social Media-Kanälen könnte folgende Ziele verfolgen:

- Steigerung der Besucher auf dem eigenen Messestand
- Steigerung der Reichweite des Messeauftrittes
- Ansprache von Personen, die die Messe nicht besucht hätten
- effizientere Nutzung des Messebudgets

Kommunikation vor Beginn

Redaktionelle Beiträge: Vor einem Event gilt zunächst, Aufmerksamkeit zu erzeugen und Interesse zu schüren. Mit dem Messeauftritt sollen so viele Personen wie möglich aus der relevanten Zielgruppe erreicht werden. Über Facebook oder Google Plus lassen sich gezielt Bilder zu neuen Produkten verbreiten, die womöglich zum ersten Mal live gezeigt werden. Exklusive Inhalte sorgen häufig für eine schnelle Verbreitung. So zeigte Mercedes-Benz sehr früh auf Facebook die ersten Bilder der neuen A-Klasse. Die Fans waren sehr angetan vom Design des Autos. Die Botschaft über die neuen Bilder verbreitete sich schnell durch Kommentare, durch die „Gefällt mir"- und die „Teilen"-Funktion.

Der Dialog könnte so weit gehen, dass Social Media-Nutzer sogar in die Planung eines Standes einbezogen werden, indem sie nach Themen und Produkten gefragt werden, die sie gerne auf einer bestimmten Messe sehen würden.

Abbildung 3: Redaktioneller Beitrag zur „Automatica 2012" auf der KUKA Robotics Fanpage[13]

---

[13] www.facebook.com/KUKA.Robotics

Auf Facebook kann in der speziellen Funktion „Veranstaltungen" das bevorstehende Messeevent eingetragen werden, die es erlaubt, mit nur wenig Aufwand, Fans über den Termin zu informieren und sie daran zu erinnern. Der Industrieroboterhersteller „KUKA Roboter" beispielsweise hat seinen Messeauftritt auf der Automatica in München im Voraus genauestens geplant. „Wir stellen am Anfang jedes Jahres unsere weltweiten Messeteilnahmen als Veranstaltungen auf unsere Facebook-Seite. Damit kommunizieren wir bereits sehr früh, auf welchen Messen KUKA Robotics ausstellen wird. Kurz vor der Messe erscheinen einige Posts mit Verlinkungen auf Pressemitteilungen unserer Homepage zur jeweiligen Messe", so der eMarketing-Verantwortliche Dominik Clever von KUKA.

Aufbau der Social Media-Kanäle: Verschiedene Design-Elemente wie der Profil-Header von Facebook bieten eine ideale Präsentationsfläche, um auf den Messeauftritt hinzuweisen.

Abbildung 4: Profil-Hintergrundbanner der KUKA Robotics-Fanpage zur „Automatica 2012"

Ein wirksames Mittel, um sowohl Aufmerksamkeit zu erzeugen, als auch zusätzliche Besucher auf die Messe zu locken sind **interaktive Kampagnen.**

KUKA wiederum hat vor der Messe „Automatica" eine App für mobile Endgeräte in Form eines Spiels namens „Space Robots" entwickelt, bei der ein KUKA Roboter die Hauptfigur „Karl" im Weltall retten muss. Der Roboter stellt sich im Spiel gewissermaßen als universeller Alles-Könner dar.

Opel suchte im vergangenen Jahr im Rahmen der Internationalen Automobilausstellung 2011 (IAA) in Frankfurt zwei „Fan-Reporter", die live von den Pressetagen der IAA berichteten. Facebook User aus der ganzen Welt konnten sich für diesen Posten bewerben. Diese ausgewählten Nutzer berichteten anschließend aus ihrer Sicht von den vorgestellten Neuigkeiten. Letztendlich veröffentlichte nicht Opel die Informationen von der Messe, sondern die Fans selbst, was die Authentizität der Botschaften natürlich ungemein steigerte.

Abbildung 5: Opel sucht Fanreporter zur IAA 2011[14]

---

[14] www.facebook.com/Opel

Aktionen wie die Verlosungen von Eintrittskarten eigenen sich gut, um möglichst viele Personen auf die Messe zu bringen. Renault bewarb ebenfalls bei der IAA seine Elektrofahrzeuge und verloste im Rahmen einer Gewinnspiel-App auf seiner Fanpage Probefahrt-Gutscheine für seine Elektrofahrzeuge. Die Kampagne rückte nicht nur Renaults Positionierung als umweltfreundliche Marke in den Vordergrund, sondern sorgte auch dafür, dass sich die Fans mit den Produkten im Rahmen einer Probefahrt beschäftigten. Zudem konnte der Gutschein auch nur eingelöst werden, wenn der Fan den Messestand von Opel besuchte.

Abbildung 6: Promotion App von Renault zur IAA 2011[15]

Kommunikation während der Messe

Während der Messe können Social Media-Plattformen die Anzahl der kontaktierten Personen stark ausweiten.

Redaktionelle Beiträge: Durch redaktionelle Beiträge bleiben Fans und Follower immer auf dem neuesten Stand, was die Aktivitäten auf der

---

[15] www.facebook.com/renault

Messe betrifft. Hierbei eignet sich im Besonderen die Live-Kommunikation mit Fans, die nicht vor Ort sein können. Mit einem Live-Ticker,
bzw. durch stetige Updates, werden sie auf dem Laufenden gehalten.

Natürlich bekommen die Personen, die über die interessanten Aktivitäten eines Unternehmens auf einem Messestand über Facebook & Co.
erfahren, nicht das Live-Erlebnis zu spüren, als wären sie vor Ort.
Dennoch erhalten sie einen Eindruck, welche Mühen eine Firma un-
ternimmt, um seine neuen Produkte zu präsentieren.

Porsche hat die Stimmung und die Besucher auf seinem Messestand
auf dem Internationalen Auto-Salon in Genf 2012 in mehreren Videos
festgehalten und auf das firmeneigene YouTube-Profil hochgeladen.
Jedes/r der fünf Videos/der fünf Beiträge wurde bereits mehr als
200.000 Mal[16] angeschaut.

*Abbildung 7: Ein Video über den Porsche-Messestand auf dem
Internationalen Auto-Salon in Genf 2012*

---

[16] www.youtube.com/porsche

Auch der Twitter-Kanal von Porsche hatte das Thema aufgegriffen.

Porsche @Porsche   6 Mär
Another shot of the new #PorscheBoxster S from the
#GenevaMotorShow #SIAG: pic.twitter.com/UuWgSlsL
📷 Foto anzeigen

Abbildung 8: Twitter-Post über den Twitter-Account von Porsche[17]

Bei KUKA wurde im Zeitraum der „Automatica" ihre Mobile-App
„Space Robots" zum kostenlosen Download „Automatica-Special"
vermarktet. „Außerdem lief die Hauptfigur aus dem Spiel ‚Karl' als
Maskottchen über den Messestand", so Dominik Clever.

*Abbildung 9:   Redaktioneller Beitrag auf der
               KUKA Robotics Fanpage*

---

[17] www.twitter.com/porsche

Aufbau der Social Media-Kanäle: Die großen individualisierbaren Flächen der einzelner Plattformen stehen ständig im Blickpunkt und bieten natürlich auch während eines Events ideale Präsentationsmöglichkeiten. So ändert KUKA das Titelbild seiner Facebook-Seite, welches im Messezeitraum einen ihrer Roboter und den schönen Messestand im Hintergrund zeigte.

Abbildung 10: Profil-Hintergrundbanner zeigt den Messestand von KUKA Robotics-Fanpage auf der „Automatica 2012"[18]

Neben den redaktionellen Beiträgen und dem grafischen Aufbau der Kanäle bestehen vielerlei Möglichkeiten, durch **kreative Aktionen** die Reichweite zu steigern.

Auf eine sehr direkte Art ließ die Firma Mercedes-Benz ihre Facebook-Fans an den kostspieligen und aufwändigen Produktpräsentationen teilhaben. Ihre Fans konnten per Live-Stream den Produktinszenierungen beiwohnen. Die User konnten dabei über eine Kommentarfunktion direkt über die Produkte miteinander diskutieren und sich austauschen.

---

[18] www.facebook.com/KUKA.Robotics

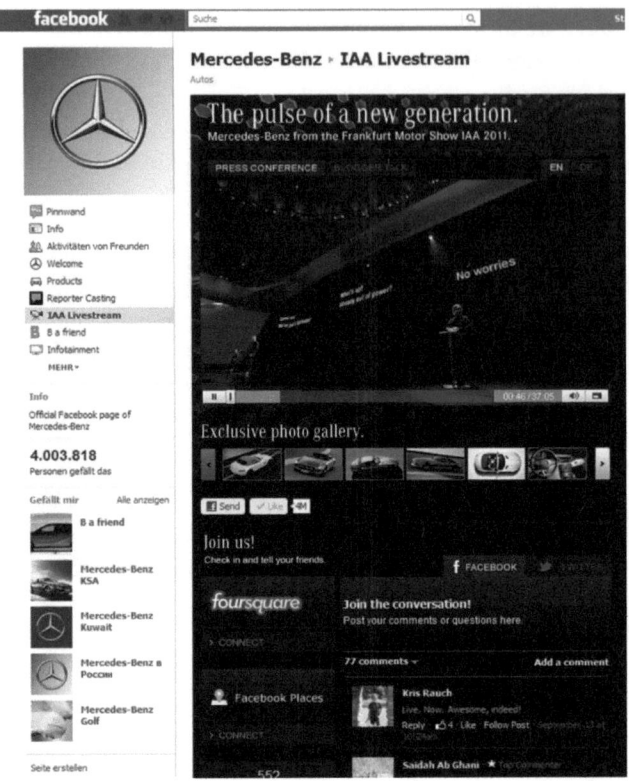

Abbildung 11: Live-Stream zur Produktpräsentation von Mercedes Benz auf der IAA 2011[19]

Kommunikation nach der Messe

Der Erfolg einer Messe ist eng mit dem Thema Nachhaltigkeit verbunden. Dabei gilt es, die Beziehung zu den auf der Messe kontaktierten Personen zu intensivieren und zu pflegen. Hier eignet sich Facebook besonders gut, um mit Kunden im Nachhinein über Produkte zu kommunizieren und über Ereignisse retrospektiv zu berichten. Damit das Interesse an der Messe hinterher nicht allzu schnell wieder abflacht und gewissermaßen in Vergessenheit gerät, können sukzessive

---

[19] www.facebook.com/MercedesBenz

Bilder und Eindrücke der Messe als Rückblende in die sozialen Medien hochgeladen werden, was auch KUKA-Robotics getan hat.

Zudem können Unternehmen aktiv Feedback ihrer Besucher einholen und den Erfolg des Auftritts besser beurteilen, bzw. verbessern. Positive Stimmen können so gut kanalisiert werden und dienen als kraftvolles Marketing-Instrument. Kritischen Stimmen sollten wiederum kommentiert und für den nächsten Auftritt berücksichtigt werden.

Auch im direkten 1:1 Kontakt können Social Media-Plattformen mit beruflicher Ausrichtung wie Xing oder LinkedIn dazu dienen, den Kontakt zu halten. Hier findet die Kommunikation allerdings nicht öffentlich, sondern auf persönlicher Ebene statt.

Social Media für Messegesellschaften

Im Gegensatz zu Ausstellern stehen Messegesellschaften vor der Herausforderung, ganze Veranstaltungen zu bewerben. Diese sind zudem zeitlich begrenzt und finden meist in einem jährlichen Turnus statt. Messegesellschaften müssen darüber hinaus, wie bereits dargestellt, zwei Zielgruppen in verschiedenen Zeitabschnitten ansprechen: zum einen die Messebesucher und zum anderen die Firmen als Aussteller.

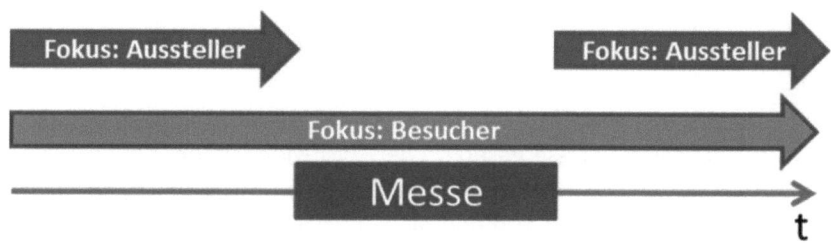

Abbildung 12: Fokussierung einer Messegesellschaft auf verschiedene Zielgruppen (eigene Darstellung)

Die Besucher einer Messe, wie zum Beispiel der IAA oder der ISPO, beschäftigen sich häufig nur relativ kurzfristig mit der Planung ihres Besuchs. Unmittelbar nach der Messe nimmt das Interesse schlagartig wieder ab.

Mit Hilfe sozialer Medien können Unternehmen die Kommunikation mit ihrer Zielgruppe zu einem gewissen Grad aufrechterhalten. Das Ziel muss sein, den User schon rechtzeitig für eine bestimmte Messe zu interessieren. Dies gelingt dadurch, dass die Zielgruppe z.B. über Facebook über die kommende Veranstaltung informiert wird. Es werden redaktionelle Inhalte zu Produkten, Neuheiten und Besonderheiten der Veranstaltung auf die Seite gestellt. Die Spannung steigert sich dabei mit zunehmender zeitlicher Nähe zum Event. Wichtig ist, dass die veröffentlichten Inhalte die Fans zum Dialog anregen, sodass sich die Botschaften über die Freundesnetzwerke verbreiten.

Abbildung 13: Profil-Hintergrundbanner zur Promotion der AMI Leipzig durch die Leipziger Messe[20]

Mit Hilfe relativ einfacher Mechanismen werden zusätzliche Anreize zum Besuch einer Messe gesetzt. Die Auto Mobil International (AMI) in Leipzig bot seinen Fans einen ermäßigten Eintrittspreis. Über einen Unterreiter der Fanpage konnten sich die Fans über eine App einen personalisierten Gutschein erstellen. Dieser reduzierte den Eintrittspreis nach Vorlage an der Kasse von 11 Euro auf 5 Euro. Mit Hilfe einer Empfehlungsfunktion konnte man den Gutschein seinen Freunden zeigen. Diese konnten sich den Gutschein wiederum nur erstellen und ausdrucken, wenn sie Fan der AMI wurden. Auf diese Weise kann die Messe seine Fanzahlen wachsen lassen und gleichzeitig seine Besucherzahlen steigern.

---

[20] www.facebook.com/amileipzig

Abbildung 14: Reduzierter Eintrittspreise als Fan-Aktion

Idealerweise wird eine Maßnahme dieser Art durch eine Facebook-Anzeigen-Kampagne unterstützt. Diese ist von jedem Unternehmen selbst zu erstellen und bietet genaue Targeting-Möglichkeiten. Die zielgruppenspezifische Werbung ist je nach Zielgruppe regional, altersspezifisch oder interessenbasiert eingrenzbar. Die Anzeige leitet die Nutzer direkt auf die Fanpage und zu der Aktion.

Abbildung 15: Facebook Anzeige zur Bewerbung der Fan-Aktion

Ein gesteigertes Besucherinteresse ist auch für die Akquise von Ausstellern ein Vorteil. Denn je mehr Besucher auf eine Messe kommen, desto unverzichtbarer ist diese für Unternehmen als Ausstellungsfläche.

Abbildung 16: Profil-Hintergrundbanner der CeBIT[21]

Durch bedürfnisgerechte Anpassung der Unterseiten kann eine Facebook-Unternehmensseite auf die verschiedenen Zielgruppen eingehen und den Messeaufenthalt angenehmer gestalten. Auf der Fanpage der CeBIT finden sich unterschiedliche Reiter – jeweils für Besucher, Aussteller und Journalisten – die verschiedene Informationen zu Messeständen, Hallen und Preisen enthalten.

Insgesamt haben Messegesellschaften mit einer durchdachten Social Media-Strategie aus redaktionellen Inhalten, den richtigen Werbemaßnahmen und Kreativität die besten Möglichkeiten, um bei ihrer Zielgruppe ins Gespräch zu kommen und ihre Veranstaltung zu bewerben.

---

[21] www.facebook.com/cebit.fanpage

Fazit

Alle reden über Social Media und auch der Zusammenhang zu Messen wird immer häufiger diskutiert: Sollte mein Unternehmen einen Messeauftritt mit Aktivitäten in Social Media verknüpfen?

Die Antwort darauf leitet sich recht einfach ab. Messen haben die Aufgabe, Aufmerksamkeit bei der Zielgruppe zu erzeugen und den Besuchern über den Event-Charakter die Marke erlebbar zu machen. Unternehmen investieren viel Geld, um eine im Vergleich zum Budget kleine Zielgruppe auf einem Messestand zu erreichen. Weiterhin dienen Messeauftritte zur Pflege von Kundenbeziehungen und zum Aufbau neuer Geschäftskontakte.

Genau hier entstehen in allen genannten Bereichen Anknüpfungspunkte. Um die Wirkung aller gewünschten Effekte zu steigern, also Aufmerksamkeit für ein aufwändig konzipiertes Messekonzept, Reichweite, Kundenbeziehungspflege und Nachhaltigkeit, ist Social Media das ideale Medium.

Im Vergleich zur Erstellung eines Messestandes stehen Aufwand und Nutzen einer Verknüpfung der Messekommunikation mit Social Media-Aktivitäten in einem effizienten Verhältnis. Dabei sollte Social Media nicht unbedingt nur als „weiterer Kanal" gesehen werden, um die Messebotschaften zu verbreiten. Social Media bietet mehr. Kreative Kampagnen unterstützen den Erfolg auf der Messe deutlich.

Über den erfolgreichen Einsatz der Social Media entscheidet nicht selten die Erfahrung. Wer bisher eher wenig Erfahrung mit diesem Marketing-Kanal gesammelt hat, tut gut daran, sich professionelle Unterstützung einzuholen.

Zudem wollen Maßnahmen in sozialen Medien gut geplant sein. Neben den eigentlichen Aktivitäten auf den verschiedenen Plattformen müssen auch die Voraussetzungen im Unternehmen stimmen.

Im Normalfall existieren in einem Unternehmen mehrere Personen, die für Kommunikation verantwortlich sind, etwa die Marketingabteilung oder Unternehmenskommunikation. Dies bedeutet, dass Verantwortlichkeiten, Inhalte und Kommunikationswege im Unternehmen klar geregelt werden müssen, um für Transparenz und Klarheit zu sorgen.

Des Weiteren sollten alle Mitarbeiter über die Social Media-Strategie informiert sein. Das Ziel und der Sinn müssen verständlich kommuniziert werden. Damit verbunden sollten die Mitarbeiter im Umgang mit sozialen Medien vertraut sein. Das klingt einfacher als gedacht.

Social Media Guidelines können da unterstützen. Dabei handelt es sich um Richtlinien, die vorgeben, was im Social Web erlaubt bzw. nicht gestattet ist, oder mit anderen Worten, wie man sich im social Web angemessen verhält.

Insgesamt ist klar zu erkennen, welches ungenutzte Potenzial in der Messebranche vorhanden ist. Kreativität und Innovation entscheiden, in welchem Maße die Verknüpfung von Messen und Social Media von Erfolg gekrönt ist.

Sicherlich wird die Social Media-Strategie nicht der alleinige Faktor sein, der über den Erfolg einer Messe entscheidet, aber wie so oft, ist es die Bündelung verschiedener Maßnahmen, die einem Unternehmen im Konkurrenzkampf die entscheidenden Wettbewerbsvorteile verschafft.

Literatur

Bitkom (2012a): Daten und Fakten zu sozialen Medien. 17.05.2012. http://www.bitkom.org/de/markt_statistik/64018_72245.aspx. Zuletzt aufgerufen am 30.05.2012.

Bitkom (2012a): Einsatz sozialer Medien in deutschen Unternehmen. 09.05.2012. http://www.bitkom.org/files/documents/BITKOM_Praesentation _PK_Social_Media_in_Unternehmen_09_05_2012.pdf. Zuletzt aufgerufen am 09.05.2012.

Bitkom (2012c): Unternehmen setzen auf soziale Medien. Infographik. http://www.socialmediastatistik.de/wp-content/uploads/2012/05/BIT_SozialMedien_Download.jpg . Zuletzt aufgerufen am 31.05.2012.

Chadwick, Andrew (2006): Internet Politics, Citizens, and New Communication Technologies. Oxfort: Oxfort University Press.

Facebook Newsroom (2012): Key Facts http://newsroom.fb.com/content/default.aspx?NewsAreaId=22. Zuletzt aufgerufen am 30.05.2012.

Grabs, Anne/ Bannour, Karim-Patrick (2011): Follow me! Erfolgreiches Social Media Marketing mit Facebook, Twitter und Co. Bonn: Galileo Press.

My Google Plus (2012): Neues von offizieller Seite: Über 100 Millionen aktive Google+ Nutzer. 09.04.2012. http://mygoogleplus.de/2012/04/offiziell-ueber-100-millionen-google-plus-nutzer/. Zuletzt aufgerufen am 31.05.2012

Statista (2011): Studie „Anzahl aktiver deutschsprachiger Nutzer von Twitter zwischen April 2009 und März 2012". http://de.statista.com/statistik/daten/studie/157936/umfrage/anzahl-deutschsprachiger-nutzer-von-twitter-seit-2009/. Zuletzt aufgerufen am 11.06.2012

Statistisches Bundesamt (2012): Pressemitteilung Nr. 172 vom 16.05.2012 https://www.destatis.de/DE/PresseService/Presse/Pressemitteilungen/2012/05/PD12_172_63931.html. 16.05.2012. Zuletzt aufgerufen am 31.05.12

Xing (2012). http://corporate.xing.com/no_cache/deutsch/unternehmen/xing-ag/. Zuletzt aufgerufen am 31.05.2012.

YouTube Blog (2012). It's YouTube's 7th birthday... and you've outdone yourselves, again. 20.05.2012. http://youtube-global.blogspot.de/2012/05/its-youtubes-7th-birthday-and-youve.html. Zuletzt aufgerufen am 31.05.2012.

5 Öffentlichkeitsarbeit als Wirkungsverstärker

von Bettina Timmler

Was ist Öffentlichkeit und Öffentlichkeitsarbeit?

Der Begriff Öffentlichkeitsarbeit ist neben PR-Arbeit zum deutschsprachigen Synonym von Public Relations-Aktivitäten geworden, der in Deutschland weit, in Österreich deutlich, in der Schweiz aber nur eingeschränkt Verwendung findet. Die Urheberschaft des Begriffes hat Albert Oeckl (1909 – 2001) für sich in Anspruch genommen, der als eine der Leitfiguren bei der Entwicklung standespolitischer Strukturen der PR gilt. Oeckl, PR- und Kommunikationswissenschaftler, war Mitbegründer und später Ehrenpräsident der Deutschen Public Relations Gesellschaft (DPRG).

Umgangssprachlich wird Öffentlichkeit als Synonym für „allgemeine Zugänglichkeit" gebraucht, journalistisch als Synonym für „Publizität" oder auch „Publikum". Der Begriff suggeriert dabei, dass ein Sachverhalt nicht nur allen zugänglich ist, sondern auch bei allen auf Interesse stößt und Nachfrage erfährt. Da Informationsnachfrage und damit tatsächliche Beschäftigung mit einem Informationsangebot von Interesse und Betroffenheit in der Öffentlichkeit abhängt und so jeweils nur auf Teile der Öffentlichkeit zutrifft, lässt sich hier von Teilöffentlichkeiten oder Bezugsgruppen sprechen. Da Meinungen in diesen Bereichen auf Organisationsexistenz zurückwirken und entsprechend gegenüber verschiedenen dieser Bezugsgruppen bzw. Bezugsgruppentypen Kommunikationsaktivitäten zur Einflussnahme auf deren Meinungen, Images und deren Verhalten gesucht wird, lassen sich entsprechende Teile von Öffentlichkeit auch als Meinungsmärkte verstehen, an die sich verschiedene Erwartungen knüpfen.

Meinungen zu öffentlichen Themen werden sehr stark durch die wahrnehmbare öffentliche Meinung geprägt. In der Öffentlichkeit diskutieren interessierte Menschen über ein bestimmtes Thema, Meinungen über dieses Thema werden ausgetauscht. Einige finden Akzeptanz, andere verschwinden. Wichtig ist, dass sich Menschen bei der eigenen subjektiven Meinungsbildung an dieser öffentlichen Meinung zumeist unbewusst orientieren. Dahinter steckt das Bedürfnis nach Zugehörigkeit und Integration.

Unterschied zwischen öffentlicher Meinung und veröffentlichter Meinung

Öffentliche Meinungen zu Themen, zu denen der Großteil einer Öffentlichkeit keine persönlichen Erfahrungen sammeln kann, entsprechen häufig den veröffentlichten Meinungen. Bei der Meinungsbildung zu Themen wie SARS, Irakkrieg oder Tsunami sind wir auf die Berichterstattung der Medien angewiesen. Hier lehnt sich die öffentliche Meinung stark an der veröffentlichten Meinung an und kann daher gut durch eine Medienanalyse gemessen werden. © PR Plus GmbH.

Der Begriff des Gatekeepers wurde 1943 von dem Psychologen Kurt Lewin (1890 – 1947) geprägt, um das selektive Kaufverhalten von Hausfrauen zu beschreiben: Die Familie bekommt nur das zu Essen, was den Weg in den Einkaufskorb findet. Im übertragenen Sinne gilt heute jede Berufsrolle als Gatekeeper (Schleusenwärter), die eine besondere Auswahlfunktion wahrnimmt. Insbesondere gilt dies für einen Journalisten, der auswählt, was das Publikum überhaupt rezipieren kann. Journalisten verbreiten Informationen, Meinungen und Unterhaltung über die Massenmedien. Sie werden an ihren Produkten gemessen, d.h.: Journalisten müssen interessante Inhalte liefern und gut gemachte Printmedien oder Sendungen präsentieren. Jede Ausgabe muss in der Gunst der Leser und Zuschauer Bestand haben. Ihr Informationsangebot muss eine wohldosierte Mischung aus Neuigkeiten, Hintergrundwissen, Unterhaltung und anderen relevanten Nachrichtenelementen umfassen. Ein Gatekeeper kann bestimmte Informationen zurückhalten und andere durchlassen. Er bezieht seinen Einfluss durch seine Selektivität.

Public Relations

Public Relations kann man als Planung und Steuerung aller relevanten Kommunikationsprozesse für Personen und Organisationen und deren Bezugsgruppen in der Öffentlichkeit definieren. PR ist demnach eine Führungsfunktion des Managements, agiert langfristig und strategisch. Sie vermittelt Standpunkte und ermöglicht Orientierung, um den politischen, den wirtschaftlichen und den sozialen Handlungsraum von Personen oder Organisationen im Prozess öffentlicher Meinungsbildung zu schaffen und zu sichern.

Innerhalb der verschiedenen Aufgabenfelder findet sich eine für die PR-Arbeit typische Ausdifferenzierung in die vier so genannten Grund-Funktionen:

- Konzeption/Kreation

- Kontakt/Kommunikation

- Redaktion/sprachliche Darstellung von Sachverhalten und

- Organisierung/Abwicklung von Prozessen und Maßnahmen.

Noch immer werden Image und Bekanntheit von Unternehmen, Marken und Persönlichkeiten vor allem durch die Berichterstattung unabhängiger Medien geprägt.

Bei renommierten Medien setzen sich Themen jedoch nur dann durch, wenn sie durch Exklusivität, Relevanz oder zumindest informatorischen bzw. unterhaltsamen Mehrwert für Leserschaft, Zuschauer oder Zuhörer hervorstechen. Für erfolgreiche Presse- und Öffentlichkeitsarbeit ist deshalb mehr denn je das feine Gespür und das solide Handwerk von PR-Profis gefragt: Sie wissen, wie Nachrichten aufzubereiten sind und durch welche Medien, Aktionen oder andere kommunikative Mittel sie am wirkungsvollsten zu verbreiten sind.

Empathie für die Zielgruppen und die von ihnen genutzten Medien sind dabei ein wesentlicher Schlüssel zum Erfolg. Nach Erfahrung der Autorin fehlt hier häufig das Bewusstsein, weil Unternehmen in der Regel nur auf die eigene Sicht der Dinge fokussiert sind. „Der Wurm muss dem Fisch schmecken, nicht dem Angler", so Timmler (2009) und einen Mehrwert sowohl für die Medien als auch für die Leser darstellen.

Die langfristigen Ziele erfolgreicher Medienarbeit sind Imagegewinn, Steigerung des Bekanntheitsgrades, Vertrauenszuwachs für die Organisation, die Stärkung der eigenen Position und die Schwächung von Gegnern, das Besetzen von Themen, das Werben um Verbündete und die Unterstützung anderer Kommunikationsziele.

Bestimmten überregionalen, meinungsbildenden Medien wird, nicht zuletzt von Journalisten, eine Leitfunktion zugesprochen. Leitmedien sind die Nachrichtenmagazine, die überregionalen Tageszeitungen, die politischen Magazine des öffentlich-rechtlichen und privaten Fernsehens und die Zeitschriften, die in ihrem Sektor als Marktführer fungieren.

Die bessere Alternative ist oftmals PR, denn sie ist nicht nur kostengünstiger, sondern vor allem auch nachhaltiger und laut der Studie „Werbung und PR im Leistungstest" von Prof. Dr. Lothar Rolke (FH Mainz) sogar wirkungsvoller als die klassische Werbung. PR will keinen kurzfristigen Kaufreiz auslösen, sondern Vertrauen und Image aufbauen sowie den Bekanntheitsgrad des Unternehmens erhöhen. PR ist immer langfristig angelegt und kostet am Anfang mehr Zeit und Energie, doch sie zahlt sich langfristig durch Effizienz und Nachhaltigkeit aus.

Vor allem kleine und mittelständische Unternehmen sollten diese Chance nutzen, durch professionelle Presse- und Öffentlichkeitsarbeit ihren Bekanntheitsgrad zu steigern und die eigene Marke im Markt zu etablieren.

Statt teurer Werbung mit Schauspielern oder Sportlern kann ein echter Anwenderbericht womöglich überzeugender und vertrauenserweckender sein. In den richtigen Medien platziert, werden potenzielle Kunden zudem gezielter erreicht.

Messen

Messen sind Veranstaltungen mit Marktcharakter, die ein umfassendes Angebot eines oder mehrerer Wirtschaftszweige bieten. Sie finden im Allgemeinen im regelmäßigen Turnus am gleichen Ort statt.

Die wirtschaftliche Bedeutung der deutschen Messewirtschaft

Der Messeplatz Deutschland ist weltweit die Nr. 1 in der Durchführung internationaler Messen. Von den global führenden Messen der einzelnen Branchen finden fast zwei Drittel in Deutschland statt. Jährlich werden rund 150 internationale Messen und Ausstellungen mit bis zu 170.000 Ausstellern und 9 bis 10 Mio. Besuchern durchgeführt. Über die Hälfte der Aussteller kommt aus dem Ausland, davon ein Drittel aus Ländern außerhalb Europas.

Dazu kommt ein dichtes Netz regionaler Fachbesucher- und Publikumsmessen, die zu den internationalen Messen eine wichtige Ergänzung bilden. Allein auf den Veranstaltungen, die von Unternehmen aus dem Mitgliederkreis des AUMA organisiert werden, treffen sich jährlich über 50.000 Aussteller und rund 6 Mio. Besucher. Messen und Ausstellungen bieten damit eine Plattform für deutlich über 200.000 Aussteller sowie 16 bis 17 Mio. Besucher pro Jahr.

Daneben finden auf den Messegeländen jährlich über 10.000 Kongresse und Tagungen im Business-to-Business-Bereich mit rund 2,5 Mio. Besuchern statt. Hier ist eine zunehmende Verknüpfung von Messe- und Kongressaktivitäten zu beobachten.

Für die deutschen Unternehmen gehören Messen zu den wichtigsten Instrumenten in der Business-to-Business-Kommunikation. Insgesamt geben Aussteller und Besucher für ihr Messe-Engagement in Deutschland pro Jahr rund 12 Mrd. Euro aus. Die gesamtwirtschaftlichen Produktionseffekte erreichen 23,5 Mrd. Euro.

Die hohe Akzeptanz der Messen spiegelt sich in den Ausgaben der deutschen Aussteller für ihre Messebeteiligungen wider. Durchschnittlich fließen über 40% der Ausgaben für Business-to-Business-Kommunikation in Messebeteiligungen. Im Durchschnitt geben deutsche Aussteller innerhalb von zwei Jahren rund 350.000€ für Messebeteiligungen aus und bestreiten damit durchschnittlich mehr als acht Beteiligungen im In- und Ausland.

Messen sind multifunktional

Messen sind für die Unternehmen nach dem eigenem Webauftritt das zweitwichtigste Kommunikationsmittel im Marketing-Mix. Denn Messen erfüllen für die Unternehmen innerhalb der Messetage viele Funktionen: Messen dienen der Kundenpflege und Kundengewinnung, der Präsentation neuer Produkte, Technologien und Dienstleistungen. Messen sind zeitlich und räumlich fixiert und finden immer wieder im selben Rhythmus statt. Nur auf einer Messe hat der Aussteller und der

Besucher die Gelegenheit, binnen weniger Tage viele Kontakte zu pflegen und neue zu knüpfen. Jeder Besucher und Aussteller kann sich über die Vielzahl unterschiedlicher Branchentrends informieren und die Wettbewerber beobachten. Für mache Unternehmen ist es ein „Muss" an der Messe teilzunehmen, da sich auch ihre Wettbewerber zeigen. Messen sind Testmärkte für die Akzeptanz von marktreifen Produkten ebenso wie von Prototypen und Designstudien. Insbesondere kleinere und mittelständische Unternehmen profitieren von einer Messe, denn ihre Innovationen werden auf einer Messe stärker wahrgenommen.

Imagesteigerung und Medienwirkung

Durch ansprechende Unternehmens- und Produktinformationen sowie kompetente Kommunikation stärken ausstellende Unternehmen ihr Image gegenüber dem Besucher, aber auch gegenüber der breiten Fachöffentlichkeit. Denn Messen sind Ereignisse mit hoher Medienwirkung. Sie sind für die Tages- und Fachpresse ein stark genutzter Anlass für intensive Branchenberichterstattung: Die tagesaktuellen Medien nutzen Messen für Berichte über Branchen-Konjunktur und Unternehmensbilanzen; die Fachpresse berichtet ausführlich über vorgestellte Produkt- und Design-Innovationen.

Persönliche Kommunikation

Das direkte Gespräch zwischen Geschäftspartnern erzeugt Vertrauen und Nachhaltigkeit. Die Informationsflut wird durch Selektion kanalisiert. Diese persönliche, vertrauensbildende Kommunikation ist durch nichts zu ersetzen.

Es gibt unterschiedliche Messeziele, die Unternehmen mit einer Beteiligung erreichen wollen: Mit einer Messeteilnahme soll der Bekanntheitsgrad des Unternehmens erhöht, das Image verbessert, die Wettbewerbssituation analysiert und der Absatz von Produkten und Dienstleistungen forciert werden.

Public Relations als Wirkungsverstärker in der Unternehmenskommunikation

Die Rahmenbedingungen

Professionelle Kommunikation ist der Erfolgsfaktor der Zukunft für die Unternehmen. Die Aufgabenfelder wie Medienarbeit, Online-Kommunikation und interne Kommunikation gewinnen dabei an Bedeutung, denn die Globalisierung und der Trend zur Informationsgesellschaft zwingen die Unternehmen zur Konzentration auf ihre Kernkompetenzen und die Bildung von einem positiven Image, um sich so von den Wettbewerbern abzugrenzen. Das Image von Unternehmen gewinnt zunehmend an Bedeutung. Professionelle Kommunikation entscheidet über den Erfolg oder Misserfolg

Hierfür gibt es zahlreiche Kommunikationskanäle, die aber effizient nur von Kommunikationsexperten genutzt werden können. Unternehmen sehen sich einem immer größer werdenden Medienangebot gegenüber. Das World Wide Web feierte dieses Jahr seinen 19. Geburtstag; die Menschen können heute einfach per Mausklick die gewünschten Informationen abrufen. Jedes Unternehmen ist transparent und sichtbar über das WWW. So stehen den Unternehmen theoretisch viele Kommunikations-Kanäle zur Verfügung, die in der Praxis per se nicht genutzt werden können. Gezielt seine Zielgruppe anzusprechen, wird immer schwieriger bei diesem großen Angebot.

Denn eins ist gleich geblieben: die begrenzte Aufnahme von Informationen des Einzelnen. Daher wetteifern die Unternehmen um die Aufmerksamkeit ihrer Zielgruppen. Der Verbraucher von heute ist so gut informiert, aufgeklärt und anspruchsvoll wie noch nie. Gerade mittelständische Unternehmen sollten diese Rahmenbedingungen optimal nutzen.

Mit vielen Bezugsgruppen in Kontakt

Ein Unternehmen, als offenes System, steht mit vielen Bezugsgruppen in Kontakt. Bezugsgruppen sind sämtliche Gruppen, mit denen Unternehmen auf irgendeine Art und Weise in Beziehung stehen: Kunden, Interessenten, Mitarbeiter, Nachbarn, Politiker und Gewerkschaften,

Investoren, Banken, Branchenverbände und Journalisten. In den Bezugsgruppen findet sich meist ein und dieselbe Person nur in anderen
Rollen. So kann ein Lieferant morgen sogar Kunde sein. Die Vernetzung der Gesellschaft zeigt, dass alle Bezugsgruppen berücksichtigt
werden müssen. Eine gezielte Analyse der Bezugsgruppen ist entscheidend für die Kommunikation mit ihnen und unterstützt den Erfolg
des Unternehmens. Bei der Analyse bildet sich meist eine gemeinsame
Schnittmenge.

Mainzer Wissenschaftler legen die bislang umfangreichste Vergleichs-
studie zur Wirkung von Werbung und PR-Beiträgen vor. Herausgeber
sind Lothar Rolke, Professor an der FH Mainz, und Marketingberaterin
Marei Dost. Die Studie zeigt, dass klassische Werbung an Bedeutung
verliert. Öffentlichkeitsarbeit ist für Unternehmen im direkten Vergleich mit der klassischen Werbeanzeige meist wirkungsvoller – jeden-
falls wenn Kunden sich schon ernsthaft mit dem Gedanken tragen,
Produkte wie Autos oder elektronische Geräte zu kaufen. Das ist eines
der Ergebnisse der – laut Studienautoren – bislang aufwändigsten Ver-
gleichsstudie zur Wirkungskraft von Werbung und PR-Beiträgen. Die
Autoren haben mehr als 50 internationale Studien ausgewertet sowie
ein eigenes Experiment mit über 1000 repräsentativ ausgewählten Personen durchgeführt. Das Ergebnis: Öffentlichkeitsarbeit überzeugt vor
allem, wenn es um die Vermittlung von Wissen, um Fragen der
Glaubwürdigkeit und der Überzeugungskraft von Argumenten geht.
Klassische Werbung entfaltet ihre Stärken, wenn Produkte vermarktet
werden, deren Kauf der Konsument weniger Aufmerksamkeit schenkt.

Die Unternehmenskommunikation

Vorab eine Definition zur Unternehmenskommunikation: Unternehmenskommunikation (Corporate Communication) umfasst alle kommunikativen Handlungen von Organisationsmitgliedern, mit denen ein
Beitrag zur Aufgabendefinition und -erfüllung in gewinnorientierten
Wirtschaftseinheiten geleistet wird. Alle Kommunikationsaktivitäten
haben daher stets einen gemeinsamen Referenzpunkt: die jeweilige
Unternehmensstrategie. Es geht um die Kommunikationsbeziehungen
eines Unternehmens mit externen und internen Zielgruppen. Jenseits
der operativen PR-Routinearbeit beinhaltet eine strategische Unternehmenskommunikation alle Maßnahmen, mit denen soziale Bezie-

hungen aufgebaut und kommunikative, moralische oder auch rechtliche Strukturen begründet werden, auf die dann bei Bedarf zurückgegriffen werden kann.

Die Aufgabenfelder der Unternehmenskommunikation liegen in der Schaffung von Glaubwürdigkeit, Akzeptanz, Vertrauen und Interessenausgleich (zwischen Unternehmen und der Öffentlichkeit), der Erhöhung des Bekanntheitsgrades, zur Imagegestaltung und internen Unternehmenskommunikation. Der Mitarbeiter hat eine „Botschafterfunktion" nach außen (Multiplikatorfunktion, Glaubwürdigkeit der Mitarbeiter in ihrem Umfeld). Zufriedene Mitarbeiter sind für den Erfolg des Unternehmens sehr entscheidend.

Für einen langfristigen Erfolg des Unternehmens ist eine ganzheitliche Unternehmenskommunikation wesentlich. Eine wechselseitige Kommunikation findet viel zu selten statt. Interne Kommunikation orientiert sich dann nicht an den Wünschen des Managements, sondern an dem Informations- und Kommunikationsbedarf der Mitarbeiter. Dazu gehören die Ziele und Visionen des Unternehmens. Interne Kommunikation sollte im Idealfall die Funktionen Informieren, Motivieren und Führen erfüllen, individuell an die Stellung der Mitarbeiter im Unternehmen ausgerichtet.

Unternehmenskommunikation ist eine Führungsaufgabe mit Bezug auf alle Bezugsgruppen, mit denen das Unternehmen in Verbindung steht. Der Idealfall ist die integrierte Kommunikation, die Marketing, Werbung und PR vernetzt.

Professionelle PR ist nachhaltig und effektiv

Kontinuierliche PR-Arbeit wirkt sich zudem nachhaltig auf die Bekanntheit aus, was besonders für kleine und mittelständische Unternehmen von Vorteil ist. Denn wenn sich ihr Name bereits in den Köpfen der Kunden festgesetzt hat, kommen auch ihre Werbebotschaften erfolgreicher an. Werbung ist erst dann effizient und erfolgreich, wenn ihr Weg zum Kunden bereits durch PR vorbereitet wurde. Ohne die Einbettung in eine integrierte Kommunikationsstrategie und in Kombination mit vertrauensbildenden Instrumenten können Werbemaßnahmen heute kaum noch Wirkung entfalten.

Was bedeutet integrierte Kommunikation (IK)?

Integrierte Kommunikation bedeutet die inhaltliche, formale und zeitliche Abstimmung der einzelnen Instrumente Marketing, Werbung und PR. Marketing positioniert das Unternehmen am Absatzmarkt, Werbung positioniert das Produkt und PR positioniert das Unternehmen in der Öffentlichkeit. Integrierte Kommunikation ist die Vernetzung von allen drei. So können Synergien optimal genutzt werden, insbesondere wenn alle drei gleichwertig betrachtet werden.

Es existieren viele Modelle über die integrierte Kommunikation, wie Marketing-zentrierte, PR-zentrierte und CI-zentrierte Modelle. Es gibt unterschiedliche integrative Modelle, die unterschiedliche Bereiche der Kommunikation vernetzen. In diesen Modellen werden alle Bereiche der Kommunikation gleichberechtigt dargestellt. Die Modelle im Einzelnen:

- Unternehmenskommunikation nach Ansgar Zerfaß: Er sieht die Unternehmenskommunikation als eine „Gesamtheit der kommunikativen Handlungen von Mitgliedern einer Organisation, die einen Beitrag zur Aufgabenerfüllung in gewinnorientierten Wirtschaftseinheiten, kurz im Gleichklang mit der Organisations- und Marktkommunikation und Öffentlichkeitsarbeit steht". Die CI eines Unternehmens wird nicht von Zerfaß behandelt.

- Karin Kirchner bildet eine übergeordnete Gesamtkommunikation, die die Bereiche Marketingkommunikation, Public Relations und interne Kommunikation koordiniert. CI wird auch in diesem Modell nicht explizit angesprochen.

- Beim „Modell der Wiener Schule" (nach Bogner) werden die Bereiche Marketing, PR und CI völlig gleichrangig und gleichwertig behandelt. Im Gegensatz zu allen anderen Ansätzen für integriertes Kommunikationsmanagement werden diese drei Disziplinen unter dem Dach der vernetzten bzw. integrierten Kommunikation zusammengeführt.

Die Synergien, die durch die Integration der Kommunikationsdisziplinen erfolgen, können den Erfolg eines Unternehmens steigern, das wird durch Studien und durch Erfahrungen von Kommunikatoren belegt. Allerdings wird „Integrierte Kommunikation" noch zu wenig in der Praxis, wie Studien belegen, umgesetzt.

Unternehmen im Mittelstand haben viele Stärken aber auch Schwächen. Die Stärken sind schnelle Entscheidungen, direkte Kommunikation, Mitarbeiter identifizieren sich mehr mit dem Unternehmen, direkter Kundenkontakt. Schwächen sind begrenzte Ressourcen, fehlende Strategien, ad hoc Entscheidungen („da muss ich schnell mal was für den Absatz machen"), fehlende Planung, autoritärer Führungsstil, zu starke Absatzorientierung. PR-Arbeit braucht immer ein Konzept, das sich in die Unternehmenskommunikation einfügt.

Wer etwas mit Pressearbeit erreichen will, muss wissen, WAS er überhaupt damit erreichen will: Welche Ziele, welche Kommunikationsziele mit welchen Botschaften? Wie sieht das Kommunikationskonzept des Unternehmens aus, wie gliedert sich die Pressearbeit ein und in welchen Zeitrahmen und mit welchem Budget? Gute Pressearbeit zur Messe bietet sich in Meilensteinen – vor, während und nach einer Messe – an.

Pressearbeit vor, während und nach einer Messe

Ein Messebesuch ist kostenintensiv und muss sich rechnen – heute mehr denn je. Messen bieten teilnehmenden Unternehmen eine optimale Plattform für effektive und effiziente Pressearbeit. Die Aufmerksamkeit der Medien im Vorfeld ist groß. Für viele Redaktionen sind Fachmessen ein Anlass zur Berichterstattung. Fachmagazine, und Zeitschriften bringen Vorberichte, Wirtschaftsredaktionen veröffentlichen Sonderbeilagen und Lokalredaktionen begleiten Messen mit „bunten" Berichten. Werden Ihre Botschaften im Vorfeld einer Messe rechtzeitig und gezielt in den Medien kommuniziert, können Sie erwünschte und interessierte Standbesucher – und damit potenzielle Kunden – vergleichsweise kostengünstig erreichen. Wenn Ihre Botschaften im Vorfeld der Messe rechtzeitig und gezielt in den Medien kommuniziert werden, wecken Sie das Interesse und die Aufmerksamkeit der Medien für Ihr Unternehmen.

Die neuen Medien, die Social Media, sind nicht Bestandteil dieser Ausführungen.

Pressearbeit vor der Messe

Etwa sechs bis acht Monate vor Messebeginn sollte die Planung für Ihre Pressearbeit beginnen:

- Was ist geplant: eine Pressekonferenz, Pressegespräch oder Journalistengespräche am Stand? Welche medienwirksamen Aktionen könnten stattfinden? Gibt es bereits eine Pressemappe? Wenn ja, wie aktuell ist die Pressemappe? Liegt die Pressemappe in Papierform oder in digitaler Form vor? Gibt es Fotos zu den geplanten Produktneuheiten?

- Wie aktuell ist der Presseverteiler? Sind alle relevanten Medien enthalten? Achten Sie auf die unterschiedlichen Redaktionsschlüsse der einzelnen Medien und lassen Sie ihnen rechtzeitig eine Pressemitteilung mit der Ankündigung Ihrer Messeteilnahme zukommen.

- Ist bereits ein Print- und Online-Pressefach bei der Messegesellschaft reserviert?

- Wer aus dem Unternehmen ist der Ansprechpartner für die Journalisten am Stand?

- Drei Monate vor der Messe sollte der Zeitplan mit den Abteilungen abgestimmt und der Presseverteiler aktualisiert sein. Die Vorschau-Pressemeldung und die Einladung sollte der Fachpresse vorliegen.

- Drei bis vier Wochen vorher sollte die Pressemappe inklusive der Texte und des Bildmaterials fertig sein.

- Eine Woche vorher sollte mit wichtigen Journalisten Kontakten aufgenommen und die Pressemappe konfektioniert werden. Einen Tag vor Messebeginn müssen die Pressefächer vor Ort ausreichend befüllt und die letzten Vorbereitungen am Stand für die Journalisten getroffen werden.

Pressearbeit während der Messe

Die Messe öffnet gleich ihre Tore und die Besucher und Journalisten werden in Kürze durch die Hallen eilen. In den letzten vier bis sechs

Monaten haben Sie die Medien aktiv auf Ihre Messepräsenz hingewiesen und es geschafft, in den Fokus von Fach- und Publikumsmedien zu gelangen. Journalisten haben ihren Besuch am Messestand angekündigt, stehen jetzt am Stand und der Pressebeauftragte ist gerade auf Hallenrundgang. Was nun? Spielen Sie mit Ihren Standmitarbeitern im Vorfeld der Messe diese und andere Situationen durch. Nutzen Sie durch professionelles Vorgehen diesen Kontakt zur Berichterstattung in der Presse. Informieren Sie jeden Standmitarbeiter über geplante oder spontane Besuche der Journalisten am Stand. Überbrücken Sie – sofern möglich – die Zeit bis zum Eintreffen des/der Pressebeauftragten mit dem Erklären der Messeneuheit oder bieten Sie eine Erfrischung an. Ein Journalist hat wenig Zeit, bedienen Sie ihn schnell und kompetent mit Informationen. Dazu gehört die Pressemappe am Stand und der schnelle Draht zum Pressebeauftragten, der während der gesamten Messe per Handy erreichbar sein sollte. So kann er gegebenenfalls am Telefon direkt die Fragen des Journalisten beantworten.

Ihre Pressemappe liegt bereits im reservierten Pressefach im Pressezentrum. Die Pressemappe enthält einen Basishintergrundtext zum Unternehmen, ein Factsheet zum Unternehmen, die Kurzvita der Geschäftsführer und die Pressemitteilungen über die Neuheiten ihres Unternehmens in Kurz- und Langfassung. Zur Arbeitserleichterung der Journalisten liegt eine CD mit den Texten und dem vorbereiteten Bildmaterial bei. Mindestens einmal am Tag sollten Sie kontrollieren, ob in Ihrem Pressefach noch genügend Mappen vorrätig sind.

Der/Die Pressebeauftragte hat sich auf die Fragen – auch kritische – der Journalisten vorbereitet. Halten Sie jeden Kontakt mit der Presse auf einem Kontaktformular fest, notieren Sie die Wünsche der Journalisten und reagieren Sie schnell darauf.

Beobachten Sie die Berichterstattung in den tagesaktuellen Medien und dokumentieren Sie die Veröffentlichungen.

Pressearbeit nach der Messe

Die Messe hat ihre Tore geschlossen und Sie haben dank der guten Planung und Vorbereitung eine Vielzahl an guten Gesprächen mit Journalisten geführt. Sie haben ein Exklusivinterview gegeben und bereits die eine oder andere Meldung über Ihr Unternehmen in den Medien gelesen.

Nach der Messe beginnt die professionelle Nacharbeit und Pflege der neuen und bestehenden Kontakte zu den Journalisten. Dazu gehört, die Journalisten zeitnah mit einer Meldung über die erfolgreiche Präsentation auf der Messe zu informieren, ebenso die Pressestelle der Messe. Denn direkt nach der Messe veröffentlicht die Pressestelle einen Schlussbericht über den Erfolg der Messe. Dieser informiert in Kurzform über die Highlights, Anzahl der Besucher, über die Leitthemen und/oder Sonderschauen und kann Stimmen von ausstellenden Unternehmen zum Verlauf der Messe enthalten. Seien Sie dabei!

Journalisten, die nicht auf der Messe waren oder Ihren Stand nicht besucht haben, sollten sehr zeitnah die Pressemappe per Post oder auf Wunsch per Mail zugesandt bekommen. Zur Arbeitserleichterung der Journalisten liegt eine CD mit journalistisch aufbereiteten Informationen und aussagekräftigem Bildmaterial bei.

- **Was hat die Pressearbeit gebracht?**

Bewerten Sie den kommunikativen Erfolg Ihrer Messeteilnahme. Gezielte Messenacharbeit und Bewertung der PR-Maßnahmen sowohl quantitativ als auch qualitativ ist wichtig, um nachhaltig den Erfolg der begleitenden Pressarbeit zu dokumentieren und zu bewerten. Gegebenenfalls sind Optimierungen notwendig. Haben Sie alle Zielgruppen erreicht? Wenn ja, was hat sich an den Einstellungen der Zielgruppen positiv verändert? Das Erreichen der Ziele kann durch Presseclippings, Befragung, Beobachtung, Klickraten im Internet oder Studien überprüft werden. Anschließend erfolgt die Auswertung und Analyse.

- **Nachhaltigkeit von PR-Arbeit**

Mit Pressearbeit erzielen Sie nicht kurzfristig Erfolge, sondern mittel- und langfristig. Pressearbeit sollte immer auf einen Zeitraum von mindestens neun bis zwölf Monaten angelegt sein, um nachhaltig Erfolge zu erzielen. Einmalige Aktionen verpuffen schnell, insbesondere ohne Konzept! Nachhaltige Maßnahmen erfordern kontinuierliche Arbeit, einen langen Atem und sind geprägt durch eine faire Partnerschaft zwischen Unternehmen, PR-Beratern und Journalisten.

Public Relations als Teil der Gesamtkommunikation im Unternehmen

Um einen echten Wirkungsverstärker zu schaffen, braucht PR einen eigenen Kommunikationsplan, der sich in die Gesamtkommunikation eines Unternehmens einfügt – mit Zieldefinitionen, Meilensteinen, einem Ressourcenplan, einem realistischen Budget und natürlich mit einem engen Bezug zur Veranstaltung selbst.

Der Zeitplan ist wichtiger Bestandteil einer PR-Konzeption und legt Beginn und Ende aller durchzuführenden PR-Maßnahmen fest. Die PR-Arbeit muss langfristig geplant werden, da ihre Wirkungen erst mit zeitlicher Verzögerung sichtbar werden. Jede Kommunikation erzeugt Wirkung. Professionelle Kommunikation zielt auf das Bewusstsein des Menschen. Positive Wirkungen zeigen sich in Veränderungen von Wissen, Einstellungen oder des Verhaltens. Deshalb ist es wichtig, genau festzulegen, wann die Kommunikationsmaßnahmen einsetzen müssen, um die beabsichtigten Wirkungen zu erzielen. Außerdem verleiht eine gute Zeitplanung dem Maßnahmenkatalog die nötige Dramaturgie. Die Dramaturgie bestimmt den Kommunikationsprozess. Sie ist der „Bogen", der sich über die in der taktischen Planung auszuarbeitenden Maßnahmen spannt und diese sinnvoll aufeinander abstimmt. Eine Maßnahme ist eine Aktivität zur Erreichung eines Ziels, die mindestens ein kommunikatives Instrument einsetzt.

Kommunikative Instrumente sind Werkzeuge, deren Einsatz die erwünschten Wirkungen hervorbringen soll. Public Relations verfügt über zahlreiche Instrumente, mit denen Kommunikationsprozesse angestoßen und in Gang gehalten werden. Ihre Auswahl orientiert sich nicht nur an den Zielen und Zielgruppen, sondern auch am vorgegebenen Budget und der personellen Ausstattung. Auf Basis der ausgewählten Instrumente entwickelt der/die Konzeptioner/in die Maßnahmen in einem kreativen Prozess: Die Instrumente werden auf die Strategie und ihre individuellen Anforderungen zugeschnitten, gestaltet, arrangiert und zu einer Maßnahme „komponiert". Maßnahmen gibt es demnach nur im Verbund mit Instrumenten. In der Dramaturgie paaren sich die Faktoren Zeit und Aktionsintensität mit den anderen strategischen Polen (Zielgruppen, Kommunikationsinhalte und Kanäle) der Kampagne.

Professionelle Medienarbeit will Journalisten davon überzeugen, eine Information in den redaktionellen Teil der Berichterstattung zu übernehmen, weil sie eine Nachricht darstellt. Sie sollte stets in die Kommunikations-strategie eines Unternehmens eingebunden sein.

Dabei muss konzeptionell ausgearbeitet sein, *(1) welche Informationen über (2) welche Medien (3) welche Zielgruppen mit (4) welcher Zielsetzung erreichen sollen und (5) wie der Erfolg der Medienarbeit zu messen sein wird.* (Lasswell Formel aus dem Jahr 1948 von Harold Dwight Lasswell 1902–1978).

Die langfristigen Ziele erfolgreicher Medienarbeit sind Imagegewinn, Steigerung des Bekanntheitsgrades, Vertrauenszuwachs für die Organisation, die Stärkung der eigenen Position und die Schwächung von Gegnern, das Besetzen von Themen, das Werben um Verbündete und die Unterstützung anderer Kommunikationsziele.

Gut zu wissen

Was macht Pressearbeit zu einem so großartigen Werkzeug im Kommunikationsmix? Was macht gute Pressearbeit aus? Was ist zu beachten? Was zu vermeiden? Der Durchbruch mit nur einer Pressemitteilung ist eine Illusion! Doch langfristig geplant, konsequent durchgeführt und mit dem nötigen Fachwissen ausgeführt kann Pressearbeit zum Erfolg der Unternehmenskommunikation wesentlich beitragen.

Pressearbeit geschieht im Hintergrund

Professionelle Pressearbeit versteht sich als Service für Journalisten und Redaktionen. Zum professionellen Umgang mit Journalisten gehört die Kenntnis der Abläufe in den Redaktionen und ihrer Wünsche und Bedürfnisse! Bevor sich ein Unternehmen für langfristige Presse- und Öffentlichkeitsarbeit entscheidet, sollte es die folgenden Punkte nochmals bedenken.

Ja, es gibt den großen Wurf, aber...

der Effekt, dass eine einzige Pressemitteilung aus einem „Ladenhüter" einen Verkaufsschlager macht, ist äußerst selten. Aber er kommt vor. Dazu gehört aber ein wirklich einzigartiges Thema mit hohem Neuigkeitswert. Das bedeutet: Interessant ist die Veröffentlichung vor allem für die Leser – und nicht für das dargestellte Unternehmen! Eine ganze Reihe weiterer Faktoren muss hinzukommen. Und auch hier muss das Drumherum stimmen – die Konzeption, das Produkt, das Dienstleistungsangebot und die ausgewählten Medien.

Professionelle Pressearbeit ist Imagearbeit, Steigerung des Bekanntheitsgrades und ist keine Verkaufsförderung, kein Direktmarketing. Jedes dieser genannten Werkzeuge im Kommunikationsmix hat seine Berechtigung, seine eigenen Gesetzmäßigkeiten und seine jeweils eigene Wirkung. Deswegen gehört ein Werbetext nie in eine Pressemitteilung! Entschließt sich ein Unternehmen dazu, Pressearbeit dauerhaft und konsequent durchzuführen, kann Pressearbeit eine ganze Menge bewirken: Imagebildung, Steigerung der Bekanntheit, Vertrauenszuwachs, Stärkung der internen Bindungen und Verbindungen eines Unternehmens. Noch ein angenehmer Nebeneffekt: Durch Online-PR verbessert ein Unternehmen sein Suchmaschinenranking.

Pressearbeit ist mit dem Bau eines Hauses vergleichbar

Jeder kann schnell ein Haus planen und direkt bauen. Doch spätestens im Bauprozess holt die Bauherren die Wirklichkeit ein. Im Nachhinein beim Hausbau noch etwas zu ändern, wird meist doppelt und dreifach so teuer, wie jeder Häuslebauer bereits leidvoll erfahren hat. Aus jahrelanger Erfahrung heraus rate ich, für die Planung und Konzeption ca. 60 Prozent der Zeit zu investieren und in die Umsetzung 40 Prozent. Denn mit einer guten Planung und ausgewählten Meilensteinen wird der Hausbau preisgünstiger und nachhaltig erfolgreich. Es bleibt aber stets solide handwerkliche Arbeit!

Auch das Einarbeiten in die Unternehmensphilosophie, das Angebot und der Kundennutzen sind für eine erfolgreiche PR unabdingbar.

Stets soll der Nutzen für den Leser herausgestellt werden und gut überlegt sein, was in welche Publikation passt. Ein guter Medienverteiler ist aufwändig in der Erstellung. Setzt man beides dauerhaft ein und pflegt es weiter, dann stehen Aufwand und Ertrag in einer vernünftigen Relation.

Ja: Pressearbeit kann so großartig sein, wenn man Sie professionell plant, langfristig und konsequent umsetzt.

Checkliste zur Messevorbereitung

- Neuheitenbericht an die Presseabteilung der Messegesellschaft mit Foto und Angebot für den Presserundgang senden
- Presseansprechpartner für Journalisten benennen
- Presseservices (Produktneuheiten)
- Fachpresseliste anfordern sofern möglich
- Print- und Online-Pressefach bestellen
- Kurz- und Langmitteilung verfassen, Illustrationen vorbereiten
- Pressemitteilung über ausgewählten Verteiler versenden
- Journalisten zu Gesprächen einladen
- eventuell Pressekonferenz vorbereiten

Services der Messegesellschaften nutzen

Im Vorfeld der Messe unbedingt die vielfältigen Angebote der Messegesellschaft für die Besucherwerbung nutzen.

Klassische Werbemittel für die Messen sind:

- Direct Mail
- Einladung per E-Mail
- Internet – Homepage – Portale (Bannerwerbung, Links)
- Insertionen in der Fachpresse

Werbung der Messeveranstalter für die Messe

- Pressearbeit
- Direktwerbung an Aussteller und Besucher
- Anzeigenwerbung in Fachzeitschriften und Publikumsmedien
- Plakatwerbung
- Onlinewerbung

Der Umgang mit Journalisten auf der Messe

Bis zum ersten Zusammentreffen ist das Thema des Umgangs mit Journalisten auf Messen meist gar keines, weil der Kontakt mit und zu ihnen üblicherweise nicht im Zentrum der Vorbereitungsarbeiten steht. Und je nachdem, wie intensiv die Öffentlichkeit vom Unternehmen angesprochen wird, klappt der erste Kontakt oder manchmal eben nicht. Wenn er klappt, wunderbar, dann gibt es sicher jede Menge Themen, zu denen sich der Austausch lohnt. Wenn nicht, entsteht an dieser Stelle ein Engpass, der nicht leicht wieder aufzulösen ist. „Schlechte Erfahrungen" nennen wir es, wenn wir feststellen, dass wir uns nicht verständigen konnten. Deshalb ist es wichtig sich über die Arbeitsweise und den Auftrag von Journalisten zu informieren.

Im Alltag treffen wir als Leser, Fernsehzuschauer und Internetnutzer auf Journalisten, die uns über Themen aus Politik und Wirtschaft, Technik, Wissenschaft, Kunst oder Kultur informieren. Diese Journalisten prägen unsere Vorstellungen von dem Berufsstand.

Auf dem Messestand erleben wir dann Pressevertreter, deren Informationsbedürfnisse so unterschiedlich sind wie die der anderen Standbesucher.

Zutritt zum Pressezentrum einer Messe haben nur Journalisten und Teilnehmer, die journalistisch und redaktionell tätig sind.

Sie werden überrascht sein, wie wenig Aussteller ein Print- oder Online-Pressefach nutzen. In der Regel nutzen noch nicht einmal 10% der Aussteller die Möglichkeit, gegen eine Schutzgebühr von 50 Euro ihre Dienstleistungen oder innovativen Produkte vorzustellen!

Wenn Sie ein Pressefach nutzen, vergessen Sie bitte nicht Fotos von Produkten beizulegen. Das rundet die Pressemitteilung optimal ab. Für die Messeveranstalter sind die Journalisten wichtige Partner, sorgen sie doch mit ihrer Berichterstattung für die Aufmerksamkeit einer größeren Öffentlichkeit. Entsprechend gastfreundlich sind die Empfangs- und Arbeitsbereiche für die Pressevertreter gestaltet, um den Eindruck zu verstärken, dass es sich um eine ganz besondere Personengruppe handelt.

Mit diesem Bild im Hinterkopf erschließt sich die Arbeit der Journalisten als exklusive Hand- und Kopfarbeit unter besonderen Bedingungen. Auch sie wollen Neuigkeiten und Nachrichten, die einen Mehrwert für ihre Leser und ihre Zeitung darstellen. Sie wünschen sich ehrliche Informationen und freuen sich über professionelle Pressetexte, die ihnen die Arbeit erleichtern.

Die Zeit der Journalisten und Redakteure ist kostbar. Sie ist begrenzt und will gut genutzt sein. Konzentrieren Sie sich im Kontakt mit ihnen grundsätzlich auf das Wesentliche.

Checkliste Presseprojektplan

PR-Strategie zur Messe entwickeln

1. PR-Ziele definieren, bzw. aus den Messezielen ableiten unter Beteiligung der Geschäftsführung, Messekoordinator, Pressekoordinator (Zeitpunkt: bei der Entscheidung zur Teilnahme oder zwölf Monate vorher)

2. Presseverteiler erstellen, überprüfen, ergänzen und aktualisieren; Auslandsberichterstattung planen (Zeitpunkt: zwölf bis zehn Monate vorher)

3. Themen festlegen

4. Medienkanäle bestimmen und festlegen

5. Die Teilnahme im Unternehmen kommunizieren

Maßnahmen planen und vorbereiten

- Presseverteiler erstellen, überprüfen, ergänzen und aktualisieren

- Basistexte erstellen

- Unternehmenskennziffern zu einer Unternehmensinformation zusammenstellen, Neuheitenbericht liefern

- Materialien zusammenstellen: Fotos, Grafiken, Videos

- einen Ansprechpartner für die Journalisten bestimmen und briefen

- Termine abstimmen und bestätigen, Gespräche vorbereiten und Informationen dazu an das Messeteam weitergeben

- ruhige Gesprächszonen am Stand oder auf dem Messegelände reservieren

Pressekonferenz

Eine Pressekonferenz gehört zweifelsfrei zu den anspruchsvollsten Aufgaben der Öffentlichkeitsarbeit am Messestand. Es sollte gut abgewogen werden, ob dies tatsächlich der beste Weg in die Öffentlichkeit ist, denn hier lauern jede Menge Fallstricke. Kompetente Redner, die Freude am Austausch mit Journalisten haben sind genauso wichtig wie „echte Nachrichten", die auch einen Wert als Nachricht haben. Und natürlich spielt das Interesse im Vorfeld eine wichtige Rolle, denn es sollten auch die Vertreter der Medien in entsprechend großer Anzahl anwesend sein. Bei internationaler Ausrichtung werden Dolmetscher sowie mehrsprachige Texte nötig sein. Die Dauer ist sicher auch ein Thema für den Erfolg, denn da viele Aussteller etwas zu sagen haben, geht es nur in kleinen Zeiteinheiten. Das heißt, dass eine Pressekonferenz nicht länger als 30 Minuten dauern sollte. Danach sollte den Journalisten noch Gelegenheit für Vieraugengespräche gegeben werden, denn sie alle würden gerne etwas exklusiver berichten als alle, die dabei sind.

Zum Ort: Wenn es eine Pressekonferenz am Stand gibt, wird dieser extra dafür eingerichtet. Von Vorteil ist die Nähe zu den Exponaten, von Nachteil sind die Bau- und Räumarbeiten. Ungestört lassen sich Pressekonferenzen natürlich auch in den Konferenzräumen des Veranstalters durchführen.

Die Vorbereitung ist ähnlich wie oben beschrieben: Themen nach Messezielen festlegen, Texte erstellen, Redner bestimmen, Ort, Zeit und Dauer festlegen, Einladungen verschicken, Rücklauf beachten und steuern. Ob ein Snack angeboten wird, hängt von der Tageszeit und vom Stil des Hauses ab.

Woher stammen die Themen und Texte?

Naheliegend ist der Bezug zu den Exponaten. Besonders zu den Neuheiten und „echten" Innovationen. Für dieses wichtigste Thema gibt es viele, unterschiedliche Adressaten, die spezifisch angesprochen werden.

Für die Gruppe der Fachjournalisten heißt das, dass ein Thema in mindestens dreischichtigen Varianten vorzubereiten ist: eine Kurzfassung auf einer DIN-A4-Seite, eine Langfassung (2–5 Seiten) und ein Spezialbericht, der aber auch exklusiv angeboten werden kann; möglichst in Deutsch und Englisch, bei Bedarf auch in weiteren Sprachen (Spanisch, Russisch, Chinesisch). Natürlich ist hier die Qualität der Übersetzung wichtig. Folglich werden damit qualifizierte Übersetzer beauftragt, rechtzeitig, also etwa 3–4 Monate vor der Messe.

Für die Journalisten der Wirtschaftspresse werden die Neuheiten allgemein verständlich aufbereitet, mit Anschauungsmaterial ergänzt und als Zusatz zu den betriebswirtschaftlichen Kennziffern angeboten, denn dafür interessieren sie sich in der Regel besonders.

Die Tagespresse will wegen des größten Zeitdrucks zuerst informiert werden. Inzwischen wird in fast allen Tageszeitungen auch über Messeneuheiten berichtet, weshalb die Tagespresse durchaus ein interessanter Kanal für wirklich aufregende Neuheiten ist.

Online-Redakteure sind sicher eine besonders anspruchsvolle Gruppe, denn sie bedienen einen wichtigen Informationskanal, das Internet. Hier sind außer den Texten vor allem Bilder gefragt, sowohl Fotos (in guter Qualität) als auch Videos (ebenfalls in guter Qualität), die ein Megatrend auf allen Homepages sind. Sollten Sie Videos direkt anbieten können, sind Sie klar im Vorteil. Ansonsten sind die Redakteure auch häufig mit entsprechendem Equipment unterwegs und machen die Filmaufnahmen selbst.

Radioreporter brauchen Original-Töne aus kompetentem Mund. Hier ist eine entsprechende Vorbereitung unabdingbar.

Fernsehkorrespondenten brauchen zusätzlich zum interessanten Inhalt auch ansprechende Bilder, z.B. einen besonders attraktiv gestalteten Messestand oder eine originelle Präsentation, und kompetente Gesprächspartner. Hier ist vor allem die Geschäftsführung gefordert.

Weitere Themen und Texte stammen aus dem Gesamtauftritt. Dafür erforderlich ist eine enge Abstimmung. Wenn zum Beispiel Events am Stand geplant werden, bieten sie Stoff für die Presse- und Öffentlichkeitsarbeit.

Kundenevents sind dann interessant, wenn sie nicht ausschließlich für eine geschlossene Gesellschaft geplant werden. Wenn Ansprachen, Präsentationen und Praxisbeispiele Teil eines Kundenevents sind, können diese ebenfalls für ausgewählte Journalisten/Redakteure interessant sein – vielleicht auch als Ergänzung eines Pressegespräches am Stand oder einer Pressekonferenz. Die Öffentlichkeit kann bei einer solchen Gelegenheit einen tieferen Einblick in die Unternehmenskultur als sonst bekommen.

Noch interessanter sind Vorträge und Präsentationen zu bestimmten Themen, die am Stand, im Rahmenprogramm oder in einem extra dafür gemieteten Raum auf dem Messegelände gehalten werden. In der Regel richten sie sich an interessierte Messebesucher und sind doch auch unter Umständen genauso interessant für Journalisten. Eine Kurzfassung des Redebeitrages sollte in diesem Fall in der Pressemappe sein. Gleiches gilt natürlich auch für die Visualisierung, die auf der Messe, auf der Homepage und in der Berichterstattung immer wichtiger wird.

Wenn ein Messeauftritt genutzt wird, um das gesellschaftliche Engagement eines Unternehmens zu zeigen, ist der Einsatz von Künstlern ein durchaus probates Mittel und ein willkommener Anlass für die Berichterstattung. Hier wird der relativ enge Rahmen der Fachinformation verlassen und damit öffnet sich ein weites Feld gesellschaftlicher und politischer Meinungsbildung – auch für Fachjournalisten, aber nicht nur.

Fazit

Wenn sich das PR-Konzept in die Unternehmenskommunikation einfügt, kann es seine volle Wirkung entfalten. Vereinzelte Aktionen verpuffen wirkungslos, vor allem wenn sie ohne Konzept umgesetzt werden.

Die langfristigen Ziele erfolgreicher Medienarbeit sind Imagegewinn, Steigerung des Bekanntheitsgrades, Vertrauenszuwachs für die Organisation, die Stärkung der eigenen Position und die Schwächung von Gegnern, das Besetzen von Themen, das Werben um Verbündete und die Unterstützung anderer Kommunikationsziele.

Checkliste Pressemitteilung

Die Wahrscheinlichkeit für eine Veröffentlichung steigt, wenn...

- die Pressemitteilung einen Nachrichtenwert hat. Bieten Sie spannende, neue Themen an, gekoppelt mit fundierten Daten und interessanten Zitaten.
- das Wichtigste vorne steht, erst dann weitere Einzelheiten mit abnehmender Bedeutung.
- sie klare Antworten auf die Frage „Wer (tut) was, wann, wo und warum?" gibt
- Sie eine klare und verständliche Sprache wählen: Fachchinesisch ist für Fachidioten.
- Sie einen aktiven Sprachstil verwenden – vermeiden Sie Passivformen.
- Ihr Text mehr Verben und weniger Substantive enthält.
- Sie Fakten sprechen lassen und subjektive Kommentare vermeiden.
- Sie kurz und prägnant schreiben – keine Schachtelsätze, Redundanzen, Phrasen und Füllwörter: „KISS – Keep it short and simple!"
- Sie sachlich schreiben, also keine Superlative, Werbung, Mutmaßungen, Diffamierungen und Phrasen (z.B. „Konzentration auf die Kernkompetenz" oder „strategische Neuausrichtung") in einer Pressemitteilung verwenden.
- Sie auf eine klare grafische Gliederung nach logischen Absätzen achten.
- Sie zwei oder sogar drei Überschriften (Dachzeile, Hauptthema/Titel, Untertitel) einplanen.
- Sie die Absätze durch aussagekräftige Zwischenüberschriften ergänzen
- Sie genügend Zeilenabstand (mind. 1,5) und rechts einen mindestens 4 cm breiten Rand lassen.
- Sie Absenderinformationen (Ansprechpartner, Telefon-, Fax-Nummer, E-Mail-Adresse, Datum) angeben.

- Seitenzahlen auf den ersten Blick erkennbar sind.

- Sie alle Personen bei der ersten Nennung mit Vorname, Name und Position nennen. Man spricht nie von „Herrn Meyer" oder „Frau Müller".

Literatur

AUMA Ausstellungs- und Messe-Ausschuss der Deutschen Wirtschaft e.V.(2011): Erfolgreiche Messebeteiligung, Redaktion: Dr. Peter Neven, Sylvia Kanitz.

Bogner, Franz (1999): Das neue PR-Denken. Strategien, Konzepte, Aktivitäten. Wien: Ueberreuter Verlag.

Kirchner, Karin (2001): Integrierte Unternehmenskommunikation. Theoretische und empirische Bestandsaufnahme und eine Analyse amerikanischer Großunternehmen. Wiesbaden: Westdeutscher Verlag.

Kombüchen, Stefan (2009): PR Plus GmbH Fernstudium, Studienbrief 2, Grundlagen der Kommunikation.

© **PR PLUS GmbH** (2005): PR Glossar

Rolke, Lothar und Dost, Marei (2008): Werbung und PR im Leistungstest: Eine vergleichende Wirkungsstudie mit Sekundäranalyse, Experimenten und Empfehlungen für eine synergetische Markt- und Unternehmenskommunikation: Books on Demand.

Timmler, Bettina (2009): Unternehmenskommunikation in großen und mittelständischen Unternehmen, Studienbrief 9 PR Plus, Vergleich der Rahmenbedingungen für die Kommunikationsarbeit, Bezugsgruppen und Aufgabenfelder.

6   Erfolgreich auf Messen mit trainiertem Standpersonal

von Barbara Harbecke

Einleitung

Sie wollen sich auf den Messeeinsatz vorbreiten. Kennen Sie die Arbeit auf dem Messestand? Haben Sie schon einmal oder mehrmals die Gelegenheit gehabt, sich auf einer Messe zu präsentieren? Dann werden Sie beim Lesen sicherlich einige Aha-Erlebnisse haben. Vielleicht haben Sie noch nie auf einem Messestand gestanden, kennen das Arbeitsfeld Messen und Ausstellungen noch gar nicht? Dann können Sie sich freuen, denn es ist ein sehr interessantes, abwechslungsreiches und dynamisches Geschäft.

Messen und Ausstellungen sind wohl das älteste Marketinginstrument, das es gibt, so alt und so dauerhaft wie der Handel selbst. Da es auf Messen und Ausstellungen aber immer um die Zukunft geht, die Zukunft einer Branche, der ausstellenden Unternehmen und der daran interessierten Besucher, merkt man ihnen ihr tatsächliches Alter, ihre Tradition gar nicht an. Etwas ist geblieben, trotz aller Entwicklungen und Veränderungen: Messen und Ausstellungen bringen die Menschen zusammen. Sie zeichnen sich dadurch aus, dass sie die „richtigen" Gesprächspartner in persönlichen Kontakt bringen. Das sind große Chancen, denn hier gibt es die einmalige Gelegenheit zum direkten, unmittelbaren Feedback. Es wird wohl keinen besseren Ort für die Einführung neuer Produkte, für den Test eines Marktes oder die Gewinnung neuer Partner geben.

Aber es gibt auch ein paar Eigenarten auf die man sich einstellen sollte, z.B. darauf, dass es immer nur eine Chance zum Kontakt gibt – Besucher, die keinen Ansprechpartner finden, werden sich schnell nach Alternativen umsehen, oder darauf, dass man sehr gut vorbereitet sein muss, um zielorientiert arbeiten zu können, oder auf das Prinzip der sich selbst erfüllenden Prophezeiung, das sich so sinnfällig beobachten lässt, denn das gehört zu einem persönlichen Kontakt untrennbar dazu.

Aber lassen Sie sich überraschen.

Warum die Messeziele so wichtig sind

Messeziele von Unternehmen sind häufig abstrakt und damit wenig greifbar und in Verhalten umsetzbar. Leider sind sie auch nicht sonderlich hilfreich für die eigenen Pläne. Außerdem sind die Unternehmensziele für eine Messe nicht unbedingt identisch mit den persönlichen Zielen, die Sie vielleicht verfolgen. So ist der Einsatz auf der Messe oft eine willkommene Abwechslung zur üblichen Alltagsarbeit, wenn es dann noch in eine attraktive Stadt geht, umso besser. Für die ausstellenden Unternehmen ist es aber so gut wie nie ein Messeziel, den Mitarbeiterinnen und Mitarbeitern eine Freude zu machen. Umso besser, wenn beides gleichzeitig zutrifft. Unternehmen wollen auf Messen Kontakte knüpfen, um Geschäfte zu machen oder um sie vorzubereiten. Und Sie werden diese Gespräche führen. Daher sollten Sie sich selbst Ziele für Ihre Gespräche setzen. Zusätzlich zu den Unternehmenszielen, die Ihnen vermittelt werden, entwickeln Sie ihre eigenen Ziele, denen Sie auf der Messe konsequent nachgehen. Ihre Messeziele sollten ehrgeizig sein und dabei realistisch bleiben. Sie drehen sich um die Qualität der Gespräche, die Sie führen möchten und um die Anzahl der Gespräche, die Sie mindestens und höchstens führen können.

Genauso ist es auch mit dem Messeauftritt: Je genauer Sie wissen, was Sie erreichen wollen, desto größer ist die Chance, dass dies auch gelingt.

Wie sehen realistische Messeziele aus? Sie sind auf die Kontakte zu den Besuchern ausgerichtet, sind ehrgeizig, realistisch und – ganz wichtig – messbar! Sie sollten also vorher überlegen, mit wie vielen Besuchern Sie in welcher Zeit sprechen wollen. Denn netto haben Sie auf einer Messe nur wenige Stunden pro Tag für diese Gespräche zur Verfügung.

Kundenkontakte

Die häufigsten Kontakte sind solche zu bestehenden, bekannten Kunden. Also könnte ein ehrgeiziges Messeziel sein, allen Kunden ein neues Produkt oder eine neue Lösung vorzustellen. Es fehlt noch die Messgröße, also die Anzahl der Kunden, mit denen Sie maximal an einem Messetag von 8–9 Stunden sprechen können. Diese Zeitplanung gehört unbedingt mit in die Zielformulierung hinein. Wenn wir davon ausgehen, dass ein Gespräch selten länger als 30 Minuten dauert, bedeutet das für die Zielformulierung, dass täglich 16–18 Kundengespräche zu führen wären. Viel wertvoller könnten aber die Kontakte zu potenziellen Neukunden sein. Dafür wäre aber bei 16–18 Kundengesprächen keine Zeit mehr. Hinzu kommt, dass es ungleich schwerer ist, unbekannte Menschen auf der Messe kennenzulernen, als mit bekannten an eine Geschichte anzuknüpfen. Also werden Sie die Anzahl der Kundenkontakte senken und sich Zeit und Platz schaffen für neue Kontakte. 2–6 wären wünschenswert.

Diese Überlegungen und die Rechnung erscheinen auf den ersten Blick formal. Sie sind in der Tat auch nur der Rahmen für das Auftreten und Verhalten am Stand. Aber sie sind unverzichtbar, denn der Motor für aktives Handeln ist die Zielorientierung im Hinterkopf.

Was lässt sich noch auf einer Messe erreichen? Nach den wichtigsten Zielen: Einführung neuer Produkte oder Themen, Kundenpflege und Neukundengewinnung, gibt es noch eine Reihe weiterer Möglichkeiten, zusätzlichen Nutzen aus einem Messeauftritt zu gewinnen.

Kundenorientierung

Im persönlichen Kontakt ist es sehr einfach, die Meinung, Pläne und Erwartungen der Besucher kennenzulernen. Dies sind die wertvollsten Informationen, die Sie bekommen können, denn sie sind das Fundament für alle weiteren Aktivitäten des Unternehmens.

Auch alle anderen Marktinformationen, die im persönlichen Kontakt ausgetauscht werden, dienen der zukünftigen Strategie, mit der dieser Markt bearbeitet wird. Und wer es wissen will, bekommt auch ein Feedback zur eigenen Unternehmensleistung, vorausgesetzt, es ist eine interessante Information, nach der gefragt wird, und Sie den Mut haben, sich gegebenenfalls auch Kritik anzuhören.

Produkte

Die Chancen der Produkteinführung sind schon vorgestellt worden. Auch wenn ein Messekontakt nicht unmittelbar zum Verkaufserfolg führt, werden die Informationen im fachlichen Austausch wertvoll für zukünftige Verkäufe sein. Es gibt weitere Ideen zu neuen, anderen Einsatzmöglichkeiten, vielleicht zu weiteren Verbesserungen oder es eröffnen sich ganz neue Anwenderkreise.

Bei guter Vorbereitung und guter Vorarbeit wird es ein durchaus realistisches Messeziel sein können, direkt vor Ort auch zu verkaufen. Natürlich hängt das vom Produkt, der Marktsituation und den Entscheidungswegen bei den Besuchern ab. Aber es zeigt sich immer wieder, dass auch hier das Gesetz der Zielorientierung wirkt: Wer es sich vornimmt und sich entsprechend vorbereitet, wird in der Regel mit einem größeren Umsatz von der Messe kommen, als geplant.

Preise

Messen sind seit jeher ein ausgezeichneter Ort für den Preistest. Welche Ober- und Untergrenzen es für ein Angebot gibt, lässt sich auf einer Messe sehr schnell ermitteln. Auch die Differenzierung im Markt nach Preisen lässt sich in dem meist hochkarätigen Wettbewerbsumfeld leicht bestimmen.

So werden die Gespräche am Messestand auch für die künftige Preisgestaltung und die Produktpolitik wertvolle Hinweise geben können. Die Preispolitik schafft auch Zugang zu weiteren, neuen Absatzmittlern.

Kommunikationsziele

Natürlich steigern Unternehmen mit ihrer Teilnahme an Messen auch ihren Bekanntheitsgrad. Gerade durch die Konzentration auf bestimmte Fachmärkte funktioniert das Prinzip der Weiterempfehlung hier besonders gut. Aufmerksame Besucher registrieren sehr wohl, ob es neue Anbieter, neue Produkte und Lösungen gibt. Durch die Freiheit der Standgestaltung lässt sich auch das Unternehmensimage aktiv gestalten und prägen. Besondere Aufmerksamkeit verdienen die Journalisten, die den Stand besuchen. Es sind Ihre wichtigsten Multiplikatoren, ein kostbarer Hebel in die Medien, allen voran in die Fachmedien. So ist es ein durchaus realistisches Ziel, mit einem Messeauftritt publizistisch ein Thema zu besetzten. Nicht zuletzt ist ein Messestand ein ausgezeichneter Ort, um die Gesprächspartner zu einer intensiven Beschäftigung mit den Angeboten zu motivieren. Sie sehen, es gibt vielfältige Chancen und Gelegenheiten auf Messen, die einfach nur genutzt werden wollen.

Wer sind die Messebesucher?

Je genauer Sie wissen, wer als Besucher auf die Messe kommt, desto besser können Sie sich darauf vorbereiten. Das Internet macht es möglich: Sie können sich vor einer Messe genau darüber informieren, wer Ihre Besucher sind. Aus Ihrer Gesprächspraxis wissen Sie, wie wichtig die Vorbereitung der Gespräche ist. Je besser Sie informiert sind, je genauer Sie den Hintergrund und die Situation Ihres Gegenübers kennen, desto besser können Sie sich darauf einstellen. Das ist auch die sachliche Grundlage für erfolgreiche Gespräche am Messestand.

Für Ihre persönliche Vorbereitung sollten Sie nicht nur genau wissen, wer auf die Messe kommt, sondern auch wer eingeladen wurde und wie eingeladen wurde, also was angekündigt wurde und welche Versprechen gemacht wurden. Natürlich brauchen Sie auch jeweils den aktuellen Stand der Anmeldungen, bzw. Verabredungen, die schon vor und während der Messe gemacht wurden.

Wen Sie selbst sprechen möchten, werden Sie auch selbst einladen. Das klingt vielleicht etwas merkwürdig, weil Sie davon ausgehen, dass die Einladungen zentral erfolgen. Aber es zeigt sich, dass zur persönlichen Vorbereitung auch die persönlich ausgesprochenen Einladungen gehören.

Da die Zeit der Messebesucher genauso kostbar ist wie Ihre eigene, empfiehlt es sich, so weit wie möglich Termine vorher zu verabreden – noch besser auch gleich Themen und Gesprächspartner, denn dann kann auf dem Messestand schon detailliert gesprochen und verbindlich verabredet werden.

Über neue Kontaktmöglichkeiten informieren Sie sich anhand des Besucherstrukturtests der Vorveranstaltung, die Sie auf der Homepage der Veranstalter finden. Aus Qualitätsgründen achten Sie darauf, dass der Besucherstrukturtest FKM-geprüft ist. FKM bedeutet: Freiwillige Kontrolle der Messe- und Ausstellungsbesucher und ist ein Selbstkontrollinstrument der Veranstalter. Sie erfahren alles über die absolute Zahl der Besucher, den Anteil an Fachbesuchern, den Wirtschaftszweig, die Entscheidungskompetenz, die Position im Unternehmen und die Aufenthaltsdauer auf der Messe. Es wird Sie vielleicht erstaunen, dass ein deutscher Messebesucher nicht länger als 6 Stunden Zeit für seinen

Messebesuch hat. Das ist nicht viel für die große Anzahl an Ausstellern, die sich um deren Aufmerksamkeit bemühen.

Veranstaltungsstrukturdaten

Durchführung von insgesamt
1.297 Interviews mit Besuchern
mittels ComputerInterview-System
vorläufige Daten, Änderungen vorbehalten
UI-MF / Oktober 2010

International Trade Fair for Glass
Production • Processing • Products
28.09. - 01.10.2010

Aussteller insgesamt	1.170
Herkunft der Aussteller	
Deutschland	387
Ausland	783
Anzahl Länder	52
Fläche Netto gesamt (qm)	61.993
Inland	21.101
Ausland	40.892

Akkreditierte Journalisten***	308
Anzahl Länder***	24

Besucher insgesamt	44.298
Herkunft der Besucher	
Deutschland	43 %
Ausland	57 %
Anzahl Länder	86

Deutschland	
Norddeutschland	11 %
Westdeutschland	40 %
Ostdeutschland	13 %
Südwestdeutschland	14 %
Süddeutschland	22 %

Ausland**	
Europa	67 %
- EU	57 %
- Sonstiges Europa	10 %
Asien	12 %
- Naher/Mittlerer Osten	5 %
- Süd-/Ost-/Zentralasien	7 %
Nordamerika	7 %
Süd-/Mittelamerika	6 %
Afrika	5 %
Australien/Ozeanien	3 %

Herkunftsländer (Top 9)**	
Italien	8 %
Niederlande	8 %
Frankreich	7 %
Belgien	6 %
USA	6 %
Schweiz	4 %
Großbritannien und Nordirland	4 %
Österreich	4 %
Indien	4 %

Besuchshäufigkeit	
glasstec 2008	48 %
glasstec 2006	40 %
Erstbesuch in 2010	35 %
Durchschnittliche Aufenthaltsdauer (Tage)	1,9

Wirtschaftsbereich *	
Flachglasindustrie	17 %
Hohlglasindustrie	9 %
Isolierglasherstellung	6 %
Solarindustrie	2 %
Spezialglasindustrie	2 %
Glaszulieferindustrie	5 %
Sonstige Glasindustrie	10 %
Sonstige Industrie	15 %
Handwerk	7 %
Architektur-/Ingenieur-/ Planungsbüro, Fassadenplanung	5 %
Handel	5 %
Sonstige Dienstleistungen	4 %
Universität/Hoch-/Fachschule	1 %
Sonstiges	7 %

Betriebsgröße *	
1 - 4 Beschäftigte	12 %
5 - 19 Beschäftigte	16 %
20 - 99 Beschäftigte	21 %
100 - 499 Beschäftigte	20 %
500 - 999 Beschäftigte	6 %
1.000 und mehr Beschäftigte	20 %

Aufgabenbereich *	
Geschäfts-, Unternehmens-, Betriebsleitung	27 %
Fertigung, Produktion	17 %
Forschung, Entwicklung, Konstruktion	15 %
Verkauf, Vertrieb	9 %
Einkauf, Beschaffung	4 %
Wartung, Instandhaltung	4 %
Planung, Arbeitsvorbereitung	3 %
Marketing, Werbung, PR	3 %
Fertigungs-, Qualitätskontrolle	2 %
Verwaltg./Organis./Personal-/ Sozialw., Aus-/Weiterbildg.	2 %
Anderer Bereich	9 %

Berufliche Stellung	
Selbständiger Unternehmer, Teilhaber, freier Beruf	23 %
Geschäftsführer, Vorstandsmitglied, Behördenleiter	17 %
Hauptabteilungsleiter, Prokurist	9 %
Abteilungsleiter, Gruppenleiter	21 %
Anderer Angestellter, Beamter	11 %
Facharbeiter	6 %
Auszubildender	2 %
Andere	6 %
Student, Schüler	3 %
Nicht berufstätig	2 %

Entscheidungskompetenz *	
Ausschlaggebend	28 %
Mitentscheidend	29 %
Beratend	23 %
Nicht beteiligt	15 %

Angebotsinteresse	
(Mehrfachnennungen möglich)	
Glasbearbeitung und -veredelung	49 %
Glasherstellung/Produktionstechnik	45 %
Glasprodukte und -anwendungen	38 %
Werkzeuge, Ersatz- und Verschleissteile, Hilfsmittel, Ausrüstung	26 %
Mess-, Steuer-, Regeltechnik	19 %
Solare Anwendungen (Solarmodule, Solarthermie, Solarglas etc.)	14 %
Forschung und Lehre, Fachverlage, Verbände und Organisationen	10 %
Contracting, Consulting, Engineering, Dienstleistung	9 %

Gesamtbeurteilung	
Zufrieden	96 %
Unzufrieden	4 %

Wiederbesuch in 2012	
Wiederbesuchsabsichten	94 %

* Differenz zu 100% = Schüler, Studenten, nicht Berufstätige (5%)
** Basis Ausland
*** glasstec/ solarpeq gesamt

Messe Düsseldorf GmbH
Postfach 101006
40001 Düsseldorf
Germany
Tel. +49 (0)211/45 60-01
Fax +49 (0)211/45 60-6 68
www.messe-duesseldorf.de

Messe Düsseldorf

Wenn Sie darüber hinaus mehr über die Besucher einer Messe wissen wollen, fragen Sie direkt beim Veranstalter an. Deren interne Marktforschung verfügt in der Regel über weit mehr nützliche und interessante Informationen, als auf einer knappen Übersichtsseite Platz haben.

Die Erwartungen und Wünsche der Messebesucher

Befragungen der Messebesucher zeigen immer wieder dieselben Motive auf, warum eine Messe besucht wird:

1. einen aktuellen Marktüberblick erhalten

2. Angebote vergleichen können

3. die Ansprechpartner persönlich kennenlernen

4. sich selbst weiterbilden

5. konkrete Problemlösungen finden

6. neue Lieferanten/Partner finden

7. sich inspirieren lassen

Dies sind alles Informationsziele. Kaum ein Besucher gibt an, auf der Messe einkaufen zu wollen. Darauf sollten Sie als Aussteller achten.

Wenn es um die persönlichen Wünsche der Besucher geht, so wollen sie einfach gut behandelt werden, dass ihnen Interesse, Zeit und Aufmerksamkeit entgegengebracht wird. Sie freuen sich über guten Service, am Nachmittag über eine Sitzgelegenheit, fast immer über ein Getränk und ausnahmslos über die Werbegeschenke. Auch wenn Sie selbst vielleicht einen anderen Geschmack als die meisten Messebesucher haben, sollten Sie nicht auf den aktiven Einsatz von Werbemitteln verzichten.

Das Standkonzept – Standorganisation

Der Messestand wird für ein paar Tage Ihr Arbeitsplatz sein. Deshalb sollte er funktional sein und Ihre Arbeit bestmöglich unterstützen. Zum Beispiel dadurch, dass er die „richtigen" Besucher anzieht, auf die wichtigste Botschaft schon optisch aufmerksam macht und so attraktiv und einladend gestaltet ist, dass die Kontaktaufnahme leicht fällt und Spaß macht. Sie entscheiden, ob und welche Aspekte der Standgestaltung für die Kontaktaufnahme gut geeignet sind.

Exponate und Themen

Thematischer Mittelpunkt werden die Exponate sein, also das, was gezeigt oder demonstriert wird. Mit dem gesamten Angebot sollten Sie vertraut sein und wissen, wer am Stand zu welchem Thema eine qualifizierte Beratung geben kann. Kein Besucher wird erwarten, dass jeder alles weiß, im Gegenteil, dieser Eindruck erweckt eher Misstrauen als Vertrauen. Weiß man doch aus seinen eigenen arbeitsteiligen Betrieben, dass es diese hochkompetenten Generalisten gar nicht gibt. Aber ein Besucher darf davon ausgehen, dass ihm unverzüglich die „passenden" Gesprächspartner vermittelt werden.

Werden Besucher danach gefragt, was für sie am wichtigsten ist, wenn sie einen Stand betreten, so lautet die Antwort unisono: „Schnell den kompetenten Gesprächspartner finden". Nun gibt es unterschiedliche Kompetenzen. Wer sich für technische Details interessiert, braucht jemanden mit ausgezeichneter technischer Kompetenz. Und nur wenn ein solcher Kontakt zustande kommt, lohnt sich für diesen Besucher der Gang auf die Messe. Eine Klage, die besonders häufig von Besuchern formuliert wird, lautet: „Ich finde keinen kompetenten Gesprächspartner, weil diejenigen, auf die ich treffe, so tun, als könnten sie mich mit allgemeinen Informationen zufriedenstellen." Deshalb sollten Sie unbedingt darauf achten, dass Sie schnell wissen, mit welchem Anliegen Sie besucht werden und wer hierfür der beste Gesprächspartner ist.

Das Standteam

Nach Themen und Personen sind für ein Team die gemeinsame Zieldefinition und der organisatorische Rahmen wichtig. Auch die Marktbedeutung der Messe, das Rahmenprogramm, der Wettbewerb auf der Messe und Besonderheiten der Branche bis hin zur aktuellen Situation gehören dazu. Den Input dafür erhält das Team üblicherweise rechtzeitig vorher, schriftlich oder mündlich in einer Messevorbesprechung.

Standorganisation

Für die Standmitarbeiter werden auch die Fragen nach Anreise, Arbeitszeiten, Unterkunft, Abendveranstaltungen, Ausweisen und Parkplätzen wichtig sein ebenso wie die Frage nach dem Dresscode auf der Messe.

Messekleidung

Hier gilt üblicherweise, dass die Kleidung des Ausstellerteams gepflegte Geschäftskleidung in gedeckten Farben ist. Sie soll selbstverständlich funktional und bequem sein, sodass man sich darin wohlfühlt. Wenn es keine einheitliche Kleidung im Corporate Design des Unternehmens gibt, sollten auch solche Themen wie Farben, Schmuck und Körperschmuck geklärt werden, damit es keine Irritationen vor Ort gibt. Die Liberalisierung in diesem Themenfeld hat dazu geführt, dass tatsächlich alles, was sein soll, genauso klar kommuniziert werden muss, wie alles, was nicht sein soll.

Ein besonderes Thema ist die Wahl der Schuhe. Sie stehen den ganzen Tag und deshalb sollten Sie gut passende und dennoch elegante Schuhe tragen – wohl wissend, dass schmerzende Füße ein starker Motivationskiller sind.

Hygiene

Ein sehr heikler Punkt ist der Umgang mit den hygienischen Bedingungen am Stand. Auch darüber sollte vorher gesprochen werden, denn gut geheizte Messehallen, viele Hände, die geschüttelt werden und fehlende Korrekturmöglichkeiten durch einen großen Spiegel hinterlassen ihre Spuren. Wenn dann noch eine entsprechendes Duft- und Geruchsgemisch hinzukommt, sind ganz schnell alle Toleranzgrenzen überschritten. Und wer übernimmt in diesem Fall die etwas undankbare Aufgabe, kollegial einzugreifen und Abhilfe zu schaffen? Im Zweifelsfall natürlich die Standleitung. Aber dieses Thema ist ein echtes Teamthema, um das sich alle gleichermaßen kümmern müssen. Um Missverständnissen vorzubeugen: Es geht keineswegs um ein „Erziehungsprogramm" für unmündige Standteams, sondern um einfache, klare Spielregeln, ohne die keine Gruppe auskommt.

Verpflegung und Gästebewirtung

Was die Verpflegung auf dem Stand betrifft, wird unterschiedlich verfahren: Meistens werden Sie versorgt, manchmal sind Sie selbst dafür verantwortlich. Beides hat Vor- und Nachteile, wobei die Selbstversorger den Vorteil der größeren Auswahl, aber dafür auch mehr Aufwand haben.

Für Ihre persönliche Fitness auf dem Stand sind Sie sowieso selbst verantwortlich. Beherzigen Sie einfach, was Sie sonst auch im Alltag tun würden: Mehrere kleine Mahlzeiten einnehmen, viel Wasser trinken, wenig Kaffee, gar keinen Alkohol.

Auch die Bewirtung der Gäste wird vor Messebeginn besprochen. Hier geht es vor allem um die Frage, wer sich wie um die Bewirtung kümmert und wie der Ablauf vor Ort sein soll.

Werbegeschenke

Messen gehören zu den Haupteinsatzorten von Werbemitteln. Völlig unabhängig von Ihrer persönlichen Meinung zu diesem Thema erwarten die Messbesucher durchweg, mit diesen „Geschenken" verwöhnt zu werden. Daher ist es auch müßig, sich hier gegen die Gepflogenheiten zu stellen und auf den Einsatz von Werbemitteln zu verzichten. Es ist aber für das ganze Team wichtig zu wissen, was eingesetzt wird, wer was bekommt und wie es übergeben wird, ob Streuartikel eingesetzt werden oder auch hochwertige Werbemittel, welche Mengen vorhanden sind, ob sie tageweise kontingentiert werden und wer für den Nachschub sorgt.

Aktive Besucheransprache

Der Kontakt beginnt lange vor den ersten Worten. Die wichtigste Sprache auf der Messe ist die Körpersprache. Damit wird alles gezeigt, was für den Kontakt wichtig ist: Aufmerksamkeit, Interesse und Wertschätzung. Für die persönliche Präsentation heißt das, den ganzen Tag – von früh bis spät – eine einladende Haltung einzunehmen, aufmerksam sein, sich zu interessieren und dies auch körpersprachlich zum Ausdruck zu bringen. Am einfachsten geht das über ein freundliches

Lächeln. Nicht zufällig lautet ein chinesisches Sprichwort: „Wer ein Geschäft eröffnet, sollte lächeln können".

Immer wieder ist ein interessantes Phänomen zu beobachten, das geschlechtsspezifisch unterschiedlich ist: Während Männer gern breitbeinig auf der Standgrenze stehen, mit verschränkten Armen, meist leicht wippend, zieht es die Frauen in Gruppen eher in den hinteren Bereich des Standes, um sich intensiv auszutauschen. Interessanterweise stehen Frauen gern auf einem Bein, angeblich, um die Belastungen des Stehens besser zu verkraften.

Warum das wichtig ist? Weil häufig schon durch die Körperhaltung eine Kontaktaufnahme erschwert wird. Und das dient ja nicht unbedingt der Zielerreichung.

Ist das Angebot interessant, sind die Menschen am Stand einladend, beginnt der Kontakt mit den Augen. Dies ist der Moment der aktiven Kontaktaufnahme, denn wenn sich die Blicke begegnen, geht ein aufmerksamer Gastgeber auf einen Gast zu, so auch auf der Messe. Er wartet nicht untätig darauf, dass ein unentschlossener Besucher von selbst kommt oder geht. Sie werden es vielleicht nicht glauben, aber die meisten Kontakte auf einer Messe kommen gar nicht erst zustande, weil niemand etwas sagt und jeder der Meinung ist, der andere könne ja beginnen. Dem liegt ein großes Missverständnis der Aufgaben- und Rollenteilung auf einer Messe zugrunde, denn als Gastgeber ist es immer Ihre Aufgabe, den ersten Schritt zu machen und im wahrsten Wortsinn auf die Besucher zuzugehen.

Alles Weitere ist sehr spannend und hochinteressant. Sie werden sehen, wie leicht es ist, auf einer Messe in Kontakt zu kommen. Alle Besucher sind aus diesem Grund da und daher gesprächsbereit. Einfacher und leichter als auf einer Messe kommt man nicht zu hochkarätigen Branchenkontakten.

Allerdings gibt es kein Patentrezept für den Gesprächseinstieg. Wenn überhaupt, dann nur die Erkenntnis, dass Floskeln hier nicht weiterhelfen. Eine solche Floskel ist die berühmt-berüchtigte Frage „Kann ich Ihnen helfen?" Die Antwort „Mir ist nicht mehr zu helfen!" kann einem die Ohren für das Echo öffnen, das man mit dieser Frage provoziert. Abgesehen davon, können Besucher kaum eine kluge Antwort auf diese Frage geben, wenn sie nicht ganz genau wissen, was sie wollen. Also keine Standardfloskeln. Was dann?

Ideen und Anregungen zum Ausprobieren

Die Messe ist nicht nur der Ort der Orte für persönliche Kontakte, sondern auch ein ausgezeichneter „Lernort". Denn hier lässt sich alles ausprobieren, bestätigen und widerlegen, was man aus dem Verkaufstraining und der Praxis des Kundenkontaktes weiß, kennt, ahnt oder wissen möchte.

Zum Beispiel erlebt man auf der Messe die Macht der sich selbst erfüllenden Prophezeiung. Die Bedeutung der inneren Einstellung, sie wird unentwegt zurückgespiegelt. Sie finden Ihr Angebot attraktiv? Dann werden Sie dies auch vermitteln. Sie sind begeistert von Ihrem Messeauftritt? Das wird man Ihnen ansehen. Sie freuen sich auf Ihre Gäste? Das werden diese spüren. Und umgekehrt: Sie haben Zweifel an Ihrem Angebot? Natürlich werden Sie dies zeigen, wie auch immer. Sie fürchten, dass sich niemand für Ihr Angebot interessiert? Körpersprachlich werden Sie dies auch hinbekommen. Sie fürchten sich vor diesen vielen fremden Menschen? Mit etwas Geschick können Sie allen aus dem Wege gehen.

Deshalb ist es so spannend, eine Messe für die eigene Weiterentwicklung zu nutzen. Dazu gehört an erster Stelle ein gediegenes Repertoire an unterschiedlichen Einstiegsmöglichkeiten.

Manchmal reicht eine freundliche Begrüßung als Einstieg. Manchmal ist der Ort ausschlaggebend. Wo stehen Sie? Können Sie direkt nach der Begrüßung mit einem Thema beginnen?

Wie wäre es mit einer kurzen Orientierung für die Gäste – wer wir sind, was wir machen, warum wir hier sind? Das alles gilt natürlich nicht für Kunden, sondern für fremde Gäste.

Ein Streitthema ist die Frage, ob Messegäste mit Handschlag begrüßt werden. Ein Handschlag ist erheblich verbindlicher als eine distanzierte Begrüßung. Daher kann er auch durchaus sinnvoll und nützlich sein, wenn diese Verbindlichkeit von beiden gewollt ist.

Ein weiteres Streitthema ist die Frage, ob man sich persönlich vorstellen soll, wenn man ein Namensschild trägt. Gegenfrage: warum nicht? „Weil die Besucher denken könnten, ich halte sie für dumm, denn schließlich können sie doch lesen." Dass zum persönlichen Kontakt zwingend der Name gehört, hat sich offenbar noch nicht herumgesprochen oder es ist ein typisch deutsches Phänomen: die Leistung zählt, nicht die Person. Dabei sind auf der Messe die Personen die Leistungsträger. Also nur Mut zu neuen Verhaltensweisen.

Dann gibt es noch das ganz weite Feld der Aufforderungen. Holen Sie Ihre Gäste dort ab, wo sie sich befinden – unterwegs, mit anderen Ideen und Gedanken beschäftigt, suchend und findend. Erleichtern Sie ihnen die Orientierung und machen Sie den Anfang.

Wer nicht nur auf die Gäste warten will, kann auch selbst aktiv werden. Für alle Aussteller kann es durchaus fruchtbare Kontakte zu anderen Ausstellern geben. Das heißt, dass man sich vorher einen genauen Überblick über alle Anbieter auf der Messe verschafft. Am einfachsten ist dies wiederum über das Internet, denn die Veranstalter hinterlegen diese Informationen auf ihrer Homepage. Sie können sich auch den Katalog zur Messe, in Papierform oder als CD, beschaffen. Planen Sie Ihre Besuche genauso wie alle anderen Besucher, mit denen Sie dann unterwegs sind. Sie legen die Prioritäten fest, die Besuchszeiten (am besten, wenn Ihr eigener Stand nicht überlaufen ist), verabreden die wichtigsten Termine schon vorher und nehmen die Gelegenheit wahr, sich auch über Ihre Wettbewerber zu informieren und Marktinformationen zu erhalten.

Abgesehen von der Nützlichkeit dieses Vorgehens gibt es keine bessere Übung in Sachen Besucherorientierung auf der Messe. Am besten weiß man, was für Besucher gut und richtig ist, wenn man selbst die Rolle der Besucher aus eigener Erfahrung kennt. Auch das Ansprachespektrum wird mit jedem Kontakt breiter. Ist der Anfang erst gemacht, ist auch die Einstiegshürde überwunden.

Auch wenn alle Beteiligten sehr offen und freundlich miteinander umgehen, gibt es ein paar unverzichtbare Informationen für ein Fachgespräch:

- Wer ist Ihr Besucher?

- In welcher Funktion und mit welchem Interesse ist er unterwegs?

- Woher kommt er, geografisch und unternehmensbezogen?

Nur mit diesen Informationen lässt sich ein zielgerichtetes, qualifizier-
tes Gespräch führen. Ohne sie kann es ganz sicher interessante Diskussionen und Fachsimpeleien geben, aber Sie verlieren die Chance,
selbst die interessantesten Gesprächspartner zu finden, da Sie anderweitig gebunden sind. Nun stellt sich die Frage: „Wie bekommt man
diese Informationen?" Ganz einfach, indem man danach fragt. „Ist das
nicht zu aufdringlich?" Das kann es im Einzelfall natürlich sein, aber
entscheidend dafür ist die Art der Frage, sowie die Tonlage und der
Gesichtsausdruck samt Körpersprache in der sie gestellt wird. Es dreht
sich also alles um die Art und Weise. Und daran kann man arbeiten.
Zur Demonstration ein Beispiel: Ein Besucher nähert sich dem Stand,
interessiert sich für ein bestimmtes Exponat, schaut sich um, nimmt
Blickkontakt zu einem Standvertreter auf. Dieser setzt sich in Bewe-
gung, begrüßt den Gast (mit Handschlag), stellt sich vor, erläutert mit
einem Satz das Exponat und fragt z.B. „Wie bearbeiten Sie dieses
Thema, zu dem wir diese neue Lösung präsentieren?" oder „Was interessiert Sie besonders an diesem Exponat?", „Welche Themen sind für
Sie interessanter, die technischen Details oder das Vermarktungskon-
zept?", „In welcher Funktion besuchen Sie uns?", „Aus welchem Unternehmen kommen Sie?", „Wie heißen Sie?".

Sie werden sehen und erleben, dass die Fragen und die Art und Weise,
in der sie gestellt werden, ausschlaggebend sind für die Informationen,
die Sie von Ihren Messegästen erhalten. Und noch etwas – vielleicht
Erstaunliches – werden Sie feststellen: Es gibt grundsätzlich nieman-
den, der nicht mit Ihnen sprechen möchte.

Die Fragen aus dem Beispiel werden Ihnen bekannt vorkommen. Es
sind fast alles W-Fragen (Wer, Woher, Warum, Wie, Welches Interesse, Welche Funktion), also offene oder öffnende Fragen. W-Fragen fordern auf, mehr als Ja oder Nein zu sagen. Und die Frage „Kann ich
Ihnen helfen?" ist eine klassische geschlossenen Frage, auf die wir
spontan antworten: „Nein danke, ich schaue mich nur ein bisschen
um..." oder „Ja gerne, ich interessiere mich für...". In dem Beispiel gibt
es eine Ausnahme, das ist die zweite Frage, eine Alternativfrage: dafür
ODER dafür?

Alternativfragen werden in der Regel auch ausführlicher beantwortet als geschlossene Fragen und sind für die Gesprächsrichtung sehr wichtig.

Dies ist ein Vorschlag für einen gelungenen Gesprächseinstieg. Es gibt sicherlich ein großes Spektrum an Möglichkeiten, die Sie erst bewerten können, wenn Sie mehrere Varianten durchprobiert haben. Ganz sicher gibt es auch viel direktere Möglichkeiten, wie etwa die Frage „Für wen kaufen Sie ein?" – ohne Begrüßung, ohne Vorstellung, ohne alles. Wenn es passt und schnell in qualifizierte Gespräche führt, ist dies sicher ein guter Weg.

Noch ein Tipp: Alles, was wir immer gleich machen, wirkt bald leblos und seelenlos, routiniert eben. Also kann man sich selbst auf dem Messestand besonders fit halten, wenn möglichst jeder Kontakt anders beginnt als der vorige und der danach. Abwechslung und Individualität sind wichtige Elemente der Selbstmotivation.

Die Gesprächsführung

Als aufmerksamer Beobachter werden Sie feststellen, dass auf Messeständen viel geredet wird und meistens nur eine Person spricht. Es gibt einen Vortrag, eine Präsentation, eine Demonstration, die leider oft ein einseitiges Spiel eröffnet. Natürlich gehen Sie auf die Messe, um sich zu zeigen, Ihre Neuheiten vorzustellen und um zu informieren, aber auch das geht auf dem Messestand besser im Dialog als im Monolog. Was bedeutet das? Nun, Sie sind nicht nur in Ihren rhetorischen Fähigkeiten gefragt, Sie sollten zwischendurch auch Pausen einlegen können, nie mehr als 3–4 Sätze vortragen, Fragen stellen und den aktiven Austausch fördern.

Beispiel: Betrachten wir eine Gesprächssituation am Stand. Wenn zwei Partner sich treffen, sind sie bestrebt, jeweils vom anderen etwas zu erfahren und ihrerseits etwas von sich zu geben. Und beides sollte in einem ausgewogenen Verhältnis zueinander stehen: Geben und Nehmen im Verhältnis 50:50. Ein großes Ziel. Wenn Sie also als Gastgeber die Initiative ergreifen und mit dem Einstieg in „Vorlage" gehen, sollten Sie genau darauf achten, Ihrem Gesprächspartner Zeit und Raum für seinen Beitrag zu geben.

Gesprächsführung heißt auch, dass man vorher darüber nachdenkt, mit wem auf dem Messestand was besprochen werden soll, um sich darauf vorbereiten und einstellen zu können. Der Messestand eignet sich ausgezeichnet für bestimmte Gesprächsziele, etwa die Vorstellung weiterer Geschäftsbereiche für bestehende Kunden, denn diese sind in Form von Exponaten und durch die entsprechenden Personen vor Ort sofort einsehbar und erfahrbar.

Auch die Entscheidung, ob ein Gespräch im Stehen oder im Sitzen geführt wird, sollte eine bewusste Entscheidung Ihrerseits sein. Die Gespräche im Stehen sind kürzer und unverbindlicher als die im Sitzen am Tisch.

Die Kommunikationszonen auf dem Stand entsprechen dem Ablauf der Kontakte: Im Gang informieren sich die Besucher selbst und meist unverbindlich, am Eingang des Messestandes erwarten sie tiefergehende Informationen und eine freundliche Ansprache, nachdem sie sich selbst einen ersten Überblick verschafft haben. Dann gilt es, ihre Interessen und Identität zu ermitteln und zu entscheiden, ob das Gespräch im Stehen oder im Sitzen geführt wird. Der Messestand unterstützt im Idealfall diesen Ablauf, indem er für alle Varianten Optionen eröffnet, also ausreichend Stehtische und im Bedarfsfall auch Sitzgelegenheiten zur Verfügung stellt.

Sicher werden viele Gespräche im Stehen geführt, denn so kann die Exponatpräsentation am besten eingebaut werden. Hierfür und für Demonstrationen und für Besucher mit wenig Zeit sollten Sie sich darauf einstellen, überwiegend zu stehen.

Die Einladung an den Tisch hat einen verbindlichen Charakter. Denken Sie daran, dass Messebesucher morgens frischer und ausgeruhter sind als nachmittags. Ihre Nachmittagsgäste werden vielleicht froh sein, endlich sitzen zu können und entsprechend lange bleiben. Sie haben dann keine Gelegenheit mehr, mit anderen Besuchern zu sprechen. Dieser Hinweis wird gern missverstanden. Er klingt nach Entscheidungsdruck und Zeitmangel. Die Messe als der Ort der persönlichen Begegnung wird gern aus den üblichen Strukturen des Zeit- und Selbstmanagements herausgenommen. Dabei gilt alles, was sonst für zielorientiertes Verhalten gilt, ganz besonders auf der Messe. Denn hier sind es ja oft nur 8–9 Stunden netto, die für die Kontakte zur Verfügung stehen. Die Messebesucher sind ihrerseits als Tagesbesucher nur 6 Stunden auf der Messe unterwegs.

Es geht nicht darum, Gespräche grundsätzlich kurz und damit oberflächlich zu führen, sondern darum, sehr gut ausgewählt mit den Besuchern intensiv zu sprechen, mit denen es nach der Messe weitere Kontakte geben wird. Daher kann ein gutes Gespräch durchaus auch einmal zwei Stunden dauern.

Bei den intensiven Gesprächen gibt es noch eine Entscheidung zu treffen: mit oder ohne Bewirtung? Die Bewirtung beginnt bereits bei den Getränken. Warm oder kalt, Imbiss oder Menü, auf dem Stand oder im Restaurant? Das alles ist nicht nur eine Frage der Möglichkeiten vor Ort, sondern auch der Gastgeberqualitäten und der Zielsetzung der Gesprächsführung. Je kleiner ein Messestand, je eingeschränkter das Angebot, desto einfacher ist die Entscheidung. Umgekehrt vermitteln große, professionell gestaltete Messestände ein Niveau, das auch eine entsprechende Bewirtung erwarten lässt.

Die Bewirtung hat natürlich Auswirkungen auf die Qualität des Gespräches, bei internationalen Gästen sicher noch viel eher und stärker als bei deutschen Gesprächspartnern.

Schon während des Gespräches sollten Sie beginnen, sich Stichworte zu notieren, die später den Verlauf nicht nur für Sie selbst, sondern auch für diejenigen, die anschließend mit der Messenacharbeit beschäftigt sind, nachvollziehbar machen. Das erleichtert die Arbeit, verursacht keine zusätzliche Zeit und Energie nach dem Gespräch und signalisiert darüber hinaus den Gästen eine besondere Wertschätzung. Denn Gespräche mit Notizen haben einen höheren Stellenwert als solche ohne.

Auch über die Dramaturgie der Präsentübergabe sollten Sie vorher nachdenken. In der Regel gibt es eine Staffelung nach Wertigkeit. Hochwertige Präsente sollten am Anfang oder am Ende des Gespräches überreicht werden. Die Übergabe sollte gut dazu passen und ebenfalls Wertschätzung vermitteln.

Der Gesprächsabschluss

Das Ende des Gespräches bestimmen Sie, nicht Ihr Gast. So, wie Sie den Einstieg aktiv betreiben, so sind Sie auch für den Abschluss verantwortlich.

Der Zeitpunkt für das Gesprächsende ist erreicht, wenn Sie zu einem oder mehreren Themen den Austausch von 50:50 erreicht haben und absehen können, dass eine Fortsetzung keine neuen Erkenntnisse oder Ergebnisse hervorbringt oder wenn Sie zu einer gemeinsamen Vereinbarung gekommen sind.

Häufig ist der längste Teil des Messegesprächs eher informeller Natur. Natürlich ist dieser Austausch auch wichtig, kann eventuell aber auch an einem anderen Ort zu einer anderen Zeit fortgesetzt werden. Hier stellt sich die Frage, ob die Messezeit nicht zu kostbar dafür ist.

Was auch immer als der richtige Zeitpunkt angesehen wird, der aktive Gesprächsabschluss bleibt doch für viele Standmitarbeiter eine echte Herausforderung. Man möchte nicht unhöflich sein, weiß auch nicht ganz genau, ob es nicht doch noch ein neues Thema geben könnte und scheut überhaupt grundsätzlich davor zurück, aktiv ein Ende herbeizuführen. Hier gilt das gleiche wie für den Einstieg: Je größer das Repertoire an Abschlussmöglichkeiten ist, desto einfacher ist es, tatsächlich auch zum Punkt zu kommen.

Eine Möglichkeit ist, das Gespräch mit wenigen Sätzen zusammenzufassen. Dies ist eindeutiges Signal dafür, dass das Ende naht. Es hat den Vorteil, noch einmal überprüfen zu können, ob der Verlauf auch richtig wiedergegeben wird. Das Ergebnis kann durchaus als Frage formuliert werden: Wie können wir verbleiben? Dann ist es an den Besuchern, sich über den nächsten Schritt zu äußern, oder Sie machen Ihrerseits einen Vorschlag und achten dabei auf die Reaktion, denn auf Messen sind alle Teilnehmer gesichtswahrend unterwegs. Sprich, sie werden kaum sagen: „Vielen Dank, das war sehr interessant und reicht mir erst einmal." Sie werden wahrscheinlich eher sagen: „Können Sie mir das bitte noch einmal schriftlich geben, dann kann ich besser entscheiden, ob und wann ich es einsetzten kann." Diese Reaktion ist so lange kein Problem, wie sie realistisch eingeschätzt wird – nämlich, dass die Besucher sich alle Optionen offen halten wollen. Man sollte diese Gespräche nicht zu den qualifiziertesten zählen, sondern zu den Informationsgesprächen.

Theoretisch gibt es so viele unterschiedliche Gesprächsabschlüsse wie Gespräche selbst. In der Praxis hat sich jedoch herausgestellt, dass es im Grunde nur zwei realistische Ergebnisse gibt:

1. eine Verabredung nach der Messe, am besten mit Themen, Ort, Zeit und Gesprächspartnern

2. das Angebot, entsprechende Unterlagen zu verschicken und danach zu entscheiden, was weiter geschieht

Die häufigere Variante ist der Versand von Unterlagen. Angesichts der hohen Investition in die Messen ist dies ein äußerst mageres Ergebnis. Achten Sie deshalb von Anbeginn darauf, ein besseres Ergebnis als „Ich schicke Ihnen dann die Unterlagen XYZ zu." zu erreichen. Es lohnt sich wirklich.

Das Gesprächsprotokoll als wichtigstes Dokument am Messestand

Bei allem persönlichen Einsatz und aller Anstrengung, die ein Messeeinsatz zweifellos mit sich bringt, bleibt am Ende der Veranstaltung nur das übrig, was auf den vorbereiteten Gesprächsprotokollen notiert wird. Das ist die gesamte Ausbeute eines Messeauftrittes. Daher sind diese Gesprächsprotokolle so wichtig und so wertvoll. Sie werden unterschiedlich genannt: Leads, Besuchsberichte, Gesprächsprotokolle, Messeberichte und so weiter. Sie unterscheiden sich oft gravierend in den Positionen, die abgefragt werden. Auch hier zeigt die Praxis, dass wenige, wirklich wichtige Fragen erheblich fruchtbarer sind als viele verschiedene Abrageposten. Denn je umfangreicher die zu ermittelnden Informationen sind, desto weniger steht am Ende auf den Protokollen. Das ist ein psychologischer Effekt aus der Gesprächsführung, die auf dem Messestand keine Marktforschungsbefragung ist.

Wirklich wichtig sind im Kern drei Informationen:

1. Wer ist der/die Gesprächspartner/in?

2. Worüber wurde gesprochen?

3. Was ist von wem, wann und wie zu tun?

Interessant ist auch, ob es sich um einen Erstkontakt oder um Kontakt-pflege handelt.

Und so kann ein Gesprächsprotokoll aussehen: DIN-A4-Blatt, erstes Drittel Angaben zur Person, zweites Drittel zum Thema, letztes Drittel zur Verabredung.

Muster-Besuchsbericht

Messename und Jahr	Datum:
	Verfasser:

Besucher:
(oder Visitenkarte)
Name, Firma, Funktion   ❏ Kunde
Adresse, Telefon, Fax,   ❏ Interessent
E-Mail, Homepage   ❏ Presse

Thema des Gesprächs: ❏ Produkt a
    ❏ Produkt b
    ❏ Produkt c
    ❏ Produkt d
    ❏ Produkt e

Ergebnis: ❏ Auftrag
    ❏ Angebot
    ❏ Besuchstermin
    ❏ Muster
    ❏ Referenzen
    ❏ Infos zusenden

Immer wieder gibt es aus der Messepraxis den Vorschlag, ein Gespräch allein im Anschluss zu protokollieren, damit ein Gast das nicht mitbekommt (warum eigentlich nicht?), weil es aufdringlich wirkt oder bürokratisch oder irgendwie dem Gespräch nicht angemessen.

Überlegen Sie vorher, ob es nicht viel sinnvoller und angemessener ist, bereits während des Gespräches mit den Notizen zumindest zu beginnen. Oft werden Sie nämlich nach einem Gespräch sofort das nächste haben und gar keine Zeit für anschließende Notizen. Und was Sie nicht sofort notieren, wird verschwinden, als sei es nie da gewesen.

So wird die Messenacharbeit richtig vorbereitet

Was auf dem Stand verabredet wurde, sollte so schnell wie möglich eingehalten werden. Schnelligkeit ist dabei durchaus ein Thema, denn wer sich an seine Versprechen hält und dabei schnell ist, transportiert gleich seine Haltung zum Thema Kundenorientierung mit. So gut und so schnell wie die Nacharbeit ist die gesamte Art des Unternehmens, mit Kundenwünschen umzugehen. Also ist die Messenacharbeit die Visitenkarte der Unternehmenskultur.

Wer vorher weiß, dass viele Informationen nach der Messe verschickt werden, kann dies entsprechend vorbereiten. So lässt sich die Messenacharbeit auf die restlichen, nicht standardisierbaren Aktivitäten konzentrieren. Das ist auch notwendig, denn nach der Messe nimmt sich kaum jemand noch die Zeit und hat die Muße, die notwendig wäre, um die Ergebnisse auch richtig zu verarbeiten. So wird zumindest sichergestellt, dass die gemachten Versprechen auch tatsächlich eingehalten werden.

Messenacharbeit hat auch etwas mit persönlicher Zeitplanung zu tun, denn wenn sie für die Zeit nach der Messe faktisch nicht eingeplant wird, steht sie auch praktisch nicht zur Verfügung.

Praxis-Tipp: Sie haben vor Ihrem Messeeinsatz die Möglichkeit, ein bestimmtes Quantum an Zeit, etwa zwei Stunden pro Tag an 2–3 Tagen nach der Messe, für Ihre persönliche Messenacharbeit einzuplanen. Das bedeutet nicht nur Telefonate und praktische Tätigkeit, sondern auch die Frage nach den Erkenntnissen und Erfahrungen und Lehren aus den verschiedenen Gesprächen. So wird für Sie persönlich Ihr Einsatz auf dem Messestand besonders ertragreich. Der Erkenntnisgewinn kann unter Umständen erheblich größer sein als zum Beispiel die Teilnahme an einem Seminar oder die Lektüre eines Buches.

Für das ausstellende Unternehmen ist die Messenacharbeit die Stunde der Wahrheit oder die „Erntezeit", denn hier lässt sich abschätzen, ob das Ergebnis in einem vertretbaren Verhältnis zum Aufwand und den Kosten steht. Die tägliche Auswertung der Besuchsberichte ist ein sicherer Garant für eine zügige (schon über Nacht erfolgende) Nacharbeit und ein Motivationsschub für das Messeteam. Wenn man genau weiß, wo man steht, macht die weitere Arbeit oder gar der Endspurt besonderen Spaß.

Außerdem erleichtert die tägliche Auswertung auch am Ende eine Beurteilung des gesamten Auftrittes. Wenn nur noch die Tagesergebnisse zusammengeführt werden müssen, gibt es schnell ein vollständiges Bild des Ablaufes.

Schwierige Situationen am Stand

Nach der bisherigen Darstellung des Themas könnte ein vorschneller Trugschluss entstehen: alles ist ganz einfach und geht praktisch von selbst, wenn man es nur richtig anfasst. Aber natürlich können auch Situationen entstehen, auf die Sie keinen unmittelbaren Einfluss haben. Damit Sie davon nicht unvorbereitet überrascht werden, sind hier die wichtigsten schwierigen Situationen, auf die Sie treffen können, aufgeführt.

Geringe Besucherfrequenz

Zweifellos ist die schwierigste Situation am Stand die, auf Besucher zu warten, die nicht oder nur vereinzelt in der Halle sind. Auch hier gibt es eine merkwürdige Erscheinung: Es gibt immer Stände, die gut bis sehr gut frequentiert werden und solche, auf die sich Besucher nur selten verlaufen, was aber nicht an den Produkten liegt.

Grundsätzlich ist die geringe Besucherfrequenz eine echte Herausforderung für das Standpersonal. Was tun? Ohne Unternehmensuniform gibt es die Möglichkeit, das Namensschild zu entfernen und die Besucherrolle selbst zu übernehmen. Das hat mehrere Vorteile: Es schult die Präsentationsfähigkeiten, es schafft Transparenz bei den eigenen Mitarbeitern, schult deren Fachkompetenz und es wirkt nach außen belebend. Messebesucher verhalten sich ähnlich wie Restaurantbesucher, sie gehen nur dorthin, wo schon ihresgleichen sind. Daher ist es unbedingt erstrebenswert, niemals ganz ohne Besucher zu sein.

Besucherschwache Zeiten lassen andererseits den Mitarbeitern am Stand eine Chance, sich selbst die Messe anzusehen. Achten Sie darauf, dass interessierte Besucher nicht von viel zu vielen Ansprechpartnern in die Flucht geschlagen werden.

Zu viele Besucher auf einmal

Manchmal hat man den Eindruck, dass Murphy auf Messen besonders viel zu tun hat, entweder kommt niemand oder alle gleichzeitig. Aber zu viele Besucher sind leichter zu behandeln als zu wenige. Da gibt es nicht nur die Vereinbarung untereinander, alle Gespräche kürzer zu halten und sich gegenseitig zu unterstützen, sondern es gibt außerdem noch die Möglichkeit, Besucher zu „parken", allerdings nicht länger als maximal 15 Minuten. Oder bestimmte Teile des Gespräches können untereinander aufgeteilt werden, z.B. so, dass ein Mitarbeiter die Präsentation oder Demonstration übernimmt und die individuelle Gesprächsführung der entsprechende Kundenbetreuer.

Abzuraten ist von der weit verbreiteten Idee, die Besucher mit einem Termin zu versehen, um das Gespräch später führen zu können. Erfahrungsgemäß kommen die Besucher nicht ein zweites Mal. Das „Parken" ist hier die bessere Lösung.

Der Messestand wird von eigenen Mitarbeitern belagert

Nicht nur die Standmannschaft belagert zeitweise den Stand, oft wird sie noch verstärkt durch Mitarbeiter aus dem eigenen Haus. Zwar sind diese durchaus zeitweise gern gesehene Gäste, die sich ebenfalls im Glanz der Unternehmenspräsentation spiegeln wollen, doch ein Problem wird dies, wenn vorher nicht darüber gesprochen wurde und der Messestand Basisstation und Erholungsort für müde Messebesucher aus den eigenen Reihen wird. Dann haben nicht nur andere Gäste keinen

Platz und keinen Service mehr, es entsteht auch eine intime Familien-
atmosphäre, die auf fremde Besucher nicht sonderlich einladend wirkt.

Die Messebesucher sind selbst Verkäufer

Immer mehr Messebesucher sind aktiv in eigener Mission unterwegs
ohne dafür einen Messestand zu mieten. Dies ist zwar nach den allgemeinen Veranstaltungsbedingungen nicht erlaubt, kann aber kaum
wirklich verhindert werden. In diesem Fall sind Sie nicht nur Gastgeber sondern auch Hausherr. Sie entscheiden, mit wem Sie worüber
und wie lange sprechen.

Auch wenn diese Besucher in aller Regel nicht Ihre Wunschbesucher
sind, lohnt es sich meistens doch, kurz und präzise nach den Wünschen zu fragen und Kontaktbitten einzusammeln und von den entsprechenden Fachkräften nacharbeiten zu lassen. Was Ihnen am Stand
als Aufdringlichkeit erscheint, kann unter Umständen ganz nützlich für
die eigenen Belange sein.

Der gute Kunde mit großer Ausdauer

Sie werden sie vor Augen haben, die Besucher, die kein Ende wollen,
denen immer noch etwas einfällt, die noch ein Getränk, etwas zu essen oder etwas erklärt haben wollen. In Ihrem Bemühen um Höflich-
keit werden Sie mit sich ringen und hoffentlich gewinnt die Stimme in
Ihnen, die Ihnen signalisiert, dass Sie sich klarer und eindeutiger verhalten und ausdrücken müssen. Wenn Sie der Meinung sind, ein Gespräch sei rund und abgeschlossen, sollten Sie den Mut haben, dies
auch zum Ausdruck zu bringen. Nicht mit dem Blick auf die Uhr oder
die Kollegen, die Sie zum Telefon holen oder dem Vorwand eines
nächsten Kontaktes, sondern allein bezogen auf dieses Gespräch. Das
kann man wunderbar bei dieser Gelegenheit üben.

Reklamierer stürmen den Stand

Dies ist eine fast so schwierige Situation wie der wenig frequentierte
Messestand. Reklamierer sind auch nur Menschen. Wenn sie sich auf-
geregt haben oder verärgert sind, nutzen sie gern die Gelegenheit, sich
am Messestand Luft zu verschaffen. Das ist grundsätzlich auch eine gute Idee, sollte nur möglichst professionell gehandhabt werden. Zu-

nächst brauchen Sie einen ruhigen Ort zum „Luft ablassen". Das sollte nicht auf offener Bühne geschehen, weil die Neugier der anderen Gäste unnötige Störungen hervorbrächte. Dann gehen Sie davon aus, dass mit emotional geladenen Menschen kein sachliches Gespräch zu führen ist, deshalb sind zunächst Ihr Ohr und Ihre Aufmerksamkeit gefragt. Besser besprechen kann man komplizierte Dinge im Sitzen, obwohl diese Körperhaltung die Luft etwas schlechter herauslässt.

Lassen Sie sich nicht irritieren, kommentieren Sie die Schilderung unterwegs nicht, signalisieren Sie jedoch, dass Sie aufmerksam zuhören. Niemand wird von Ihnen erwarten, dass Sie sofort alles aus der Welt schaffen, was Ihnen angetragen wird. Meistens können Sie sich auch zu der Sache, um die es geht, fachlich gar nicht äußern, wenn Sie nicht zufällig direkt damit zu tun haben. Aber Sie können einen sehr positiven Beitrag zur Lösung des Problems leisten, indem Sie zuhören, das Problem und den Menschen ernst nehmen und sich persönlich in die Pflicht nehmen lassen. Der Haken dabei ist, dass Sie sich auch tatsächlich kümmern müssen. Aber es lohnt sich, denn solange Kunden sich beschweren, haben Sie ein ernstes Interesse an der Zusammenarbeit. Und häufig ist ein fair durchgestandener Konflikt eine solide Grundlage für vertrauensvolle Zusammenarbeit in der Zukunft.

Wie man für den Messeeinsatz fit wird und bleibt

Zweifellos ist die Freude auf die Gespräche mit fremden Gästen eine solide Grundlage für Ausdauer und Kondition. Aber beides ist eben auch eine körperliche Angelegenheit. Also ist fit werden und bleiben ist ein wichtiger Baustein für den Messeerfolg.

Sie sollten darauf vorbereitet sein, dass Sie bis zu 10 Stunden stehen müssen. Mit entsprechendem Training lässt sich diese kurze Zeit der starken Belastung gut bewältigen und Sie können Fuß- und Rückenschmerzen vorbeugen. Und gute Schuhe, die zum Geschäftsauftritt passen, sind auch außerhalb der Messe nutzbar.

Legen Sie im Laufe des Messetages mehrere kurze Pausen ein, natürlich in Absprache mit der Standleitung. Verlassen Sie am besten den Stand und noch besser gleich die Halle, denn draußen gibt es Sauerstoff. Und der ist für die Vitalität entscheidend. Mit ein paar Dehn- und

Streckbewegungen erholen Sie sich sehr schnell von der einseitigen Belastung auf dem Stand. Zehn Minuten Pause können schon für eine kurze Zeitreise auf einen anderen Stern genutzt werden, wenigstens im Kopf. Eine für diesen Zweck besonders effektive Entspannungsmethode ist die progressive Muskelentspannung, bei der durch starke, minutenlange Anspannung der Muskeln schnell eine tiefe Entspannung eintritt.

Für Ihre Verpflegung wird wahrscheinlich gesorgt sein, denn dies gehört zu einem gut organisierten Messestand dazu. Trotzdem entscheiden Sie selbst, was Sie zu sich nehmen. Am wichtigsten ist ausreichend Flüssigkeit, 2–3 Liter Wasser am Tag sind eine gute Orientierung. Statt einer großen Mahlzeit mit mehreren Gängen, sollten Sie mehrmals kleine und leichte Mahlzeiten zu sich nehmen und auf jeden Fall Obst.

Besonders gut haben Sie es, wenn Sie abends Zeit für sich haben und nicht völlig verplant sind. Kundenpflege nach dem Messetag ist sehr beliebt und häufig auch sinnvoll, schränkt die Möglichkeit der persönlichen Regeneration aber sehr stark ein. Wer kann, sollte diese kostbare Abendzeit für die eigene Erholung nutzen. Die Beine 15 Minuten hochgestreckt fühlen sich schon viel besser an, mit einer kalt-warmen Wechseldusche und einem erfrischenden Fußgel sind sie frisch genug für die Laufschuhe, mit denen es dann 30 Minuten in den Wald geht.

Alternativ tut es auch das Schwimmbad, die Sauna ist in beiden Fällen eine gute Ergänzung.

Da Stressabbau ja sehr unterschiedlich betrieben werden kann, gibt es auch andere Möglichkeiten der Entspannung, eine ausgelassenen Tanzparty auf dem Stand oder in einem entsprechenden Lokal soll auch schon kleine Wunder gewirkt haben.

Messeerfolgskontrolle

Sie werden sicher abends noch einmal einen Blick auf Ihre Besuchsberichte werfen. Damit beginnt Ihre persönliche Erfolgskontrolle: Wie viele Gesprächspartner hatten Sie? Was war das wichtigste Thema? Welche Ideen und Erkenntnisse sind Ihnen in den Gesprächen gekommen? Wer waren die Besucher? Aus welchen Unternehmen, mit welchem Interesse und in welcher Funktion wurden Sie besucht? Waren die Gespräche für beide Seiten erhellend, gab es tatsächlich einen Austausch, wie waren die Redeanteile verteilt?

Für das Unternehmen erfolgt die Auswertung entsprechend der Zielsystematik:

1. Wie reagierten die Besucher auf die Neuheiten?

2. Wie oft waren Neuheiten das wichtigste Gesprächsthema?

3. Welche ausgestellten Themen waren besonders interessant und welche weniger?

4. Welche Wirkung hatte die Besucherwerbung?

5. Gibt es eine Presseresonanz auf den Messeauftritt?

6. Wie wird die Platzierung beurteilt?

7. Wie gut funktionierte der Messestand?

8. Waren die „richtigen" und genügend MitarbeiterInnen eingesetzt?

9. Wie war der Messeauftritt im Vergleich zum Wettbewerb?

10. Welche wichtigen Erfahrungen und Erkenntnisse hat der Messeauftritt gebracht?

11. Was ergibt die Kosten-Nutzenrechnung?

12. Wäre dieser Meilenstein im Kundenkontakt und der Neukundengewinnung auch ohne die Beteiligung an der Messe erreichbar gewesen?

13. Gibt es kostengünstigere Alternativen zum Messeauftritt?

Alle Aussagen zu diesen Themen werden zusammengetragen und schriftlich fixiert. Denn um aus den Erfahrungen zu lernen, sollten diese tatsächlich als solche formuliert sein und denjenigen zugänglich gemacht werden, die daraus profitieren könnten.

Wenn dies nun Ihr erster Messeauftritt sein sollte, werden Sie vielleicht schon diese Anregung nutzen können und direkt nach dem Ergebnis der Vorveranstaltung fragen. Gehen Sie regelmäßig oder häufiger, werden Sie sicher viele der hier beschriebenen Situationen kennen und vielleicht über die eine oder andere Formulierung schmunzeln, sich wiederfinden oder sagen, das habe ich doch schon immer so gemacht.

Wie dem auch sei, ich wünsche Ihnen viel Freude auf Ihrer Entdeckungsreise, viel Spaß beim Ausprobieren und viel Erfolg unterwegs.

7 Interview:
Die 5 Sinne in der Live-Kommunikation

Interview mit Anja Osswald und Hartmut Riehm,
geführt von Sabine Wegner, Chefredakteurin Multisense Institut

Marketingevents sind prädestiniert für eine kohärente Zielgruppenansprache auf verschiedenen Sinneskanälen. Veranstaltungen für VIPs, Mitarbeiter, Presse, Kunden; Roadshows, POS-Aktionen und Messeauftritte leben aus dem persönlichen Kontakt mit den Menschen, ihren multisensorischen Eindrücken von Unternehmen, Produkten und Dienstleistungen.

Nach Informationen des FAMAB, Verband Direkte Wirtschaftskommunikation, lagen die Umsätze seiner 250 Mitglieder 2009 bei rund 1,8 Mrd. Euro (2008: 2 Mrd. Euro). Nach einem flauen ersten Halbjahr 2010 befinden sich Events und Messen wieder im budgetären Aufwind. Wie seit Jahren entfällt das Gros der Investments auf Corporate Events - die erlebnisorientierte Ansprache der Endverbraucher lässt noch viel Spielraum. Ihre Vorzüge sind bekannt.

Laut diversen Umfragen unter Marketingleitern punkten Maßnahmen der Live-Kommunikation u.a. bei Image, Erinnerungswerten und Loyalitätsaufbau. Wir haben zwei erfolgreiche Vertreter der Zunft gefragt, welche Rolle dabei die multisensorische Ansprache spielt.

Frau Osswald, Herr Riehm – aus Ihrer Erfahrung und Praxis: Inwieweit wird das Potenzial einer einheitlichen Kommunikation von Markenattributen über alle Sinne in der Live-Kommunikation bereits eingelöst? Welchen Stellenwert geben Sie der multisensorischen Ansprache?

Osswald: Das muss man differenziert betrachten. Bei den Kunden wird multisensorische Ansprache in der Live-Kommunikation eigentlich nicht thematisiert, auch weil dieser Aspekt selbstverständlich ist bzw. sein sollte. Live-Kommunikation bietet das Potenzial, Menschen ganzheitlich zu (er)greifen und damit sehr nachhaltig Botschaften in den Köpfen zu verankern. Wer das versteht, nutzt auch das multisensorische Potenzial der Live-Kommunikation. Bereits vor zehn, zwölf Jahren

159

wurde in Eventkonzeptionen intensiv mit der Sinnesthematik gearbeitet. Auf der einen Seite wird dieses Thema also schon sehr gut und weitgehend eingelöst.

Auf der anderen Seite sind wir noch nicht so konsequent, alle Sinne abgestimmt auf Marken-CI/CD konsequent anzusprechen. Eventagenturen versuchen immer mal wieder, diese Richtung einzuschlagen, aber bei unseren Kunden – vor allem bei großen Marken – ist das Thema noch nicht so präsent, dass man es spielen kann. Dennoch glaube ich, dass wir bei jeder guten Live-Kommunikation über alle fünf Sinne gehen, sie auch inszenieren, aber drei der Sinne in der Praxis eher atmosphärisch auf das Wohlbefinden der Gäste einzahlen und weniger genutzt werden, um ganz klare Botschaften zu platzieren. Der Stellenwert des Themas ist extrem hoch bzw. sollte es sein. Jeder hat zwar ein Bauchgefühl, aber Hintergrund und Wirkung des konsequenten, gezielten Einsatzes aller Sinne ist noch weitgehend unbekannt. Aus meiner Sicht braucht die wissenschaftliche Ebene eine viel breitere Plattform, insofern finde ich die Initiative des multisense® Forums sehr gut.

Riehm: Zum ersten Teil der Frage: gar nicht. Die meisten Events, die heute veranstaltet werden, liefern ein Überangebot an optischen Reizen garniert mit akustischen Versatzstücken. Die Hände darf der Gast getrost in den Hosentaschen lassen, solange bis es etwas zu essen gibt – irgendein Szene-Food, das der Sättigung auf hohem Niveau dienen soll. Wenn Sie den Gast drei Tage später fragen, woran er sich erinnert, kommen Antworten wie: nette Party, gute Musik, hübsche Mädels, ordentliches Futter. Also: austauschbar, kopierbar, verwechselbar.

Zum zweiten Teil der Frage – einen sehr hohen, wenn die multisensorische Ansprache die zentrale Herausforderung erfüllt: Sie muss eine Geschichte erzählen, welche die frohe Botschaft enthält, die der Veranstalter des Events seinen Gästen vermitteln will. Noch besser: Das Event wird zum Erlebnis, dann erhält der Gast eine aktive Rolle in dieser Geschichte und wird ein wichtiger Teil davon. Die Natur inszeniert die tollsten Erlebnisse in multisensorischer Ansprache. Ich habe am 23. August 1973 ein Bergunwetter auf der Birkkarspitze im Karwendelgebirge erlebt: Ich war in wenigen Sekunden klatschnass und durchgefroren, dazu inszenierte der Donner eine Musik wagnerianischen Ausmaßes, die Blitze knallten im Sekundentakt vom Himmel, die Luft war ozongefüllt, metallischer Geschmack auf der Zunge und Bilder in einem 3D-Panorama, das kein Multiplex-Kino leisten kann. Die Botschaft des Events? Einfach: Du Mensch, mach doch was du willst, ich bin die Stärkere von uns beiden. Ich will jetzt nicht vorschlagen, Blitz und Donner auf den Bühnen der Live-Kommunikation zu inszenieren, auch leisere Erlebnisse sind verständlich. Aber es ist wichtig, an den entscheidenden Stellen der Geschichte die multisensorische Verstärkung einzusetzen, um mit der eigenen Botschaft unverwechselbar und unvergesslich zu bleiben.

Seitens Ihrer Auftraggeber, gemäß Briefings: Welche CI-Parameter sind in Bezug auf die Markenwerte meistens definiert? Optik, Akustik, Haptik, Olfaktorik, Gustatorik ... Wie schließen Sie ggf. Lücken, falls z.B. keine Richtlinien für die Geruchskomponente oder den „Touch" eines Produktes existieren, das Eventkonzept mit diesen Ingredienzien aber noch wirkungsvoller würde?

Osswald: Eine kongruente Definition aller Sinne der Marke ist selten. Von den fünf Sinnen sind vielleicht zwei gemäß der Markenwerte übersetzt, zuvorderst der visuelle Bereich. Nur bei einer Handvoll großer Marken ist auch der akustische Sinn definiert – Telekom und Audi sind in diesem Bereich sicher am weitesten, ansonsten steckt auch Audio Branding noch in den Kinderschuhen. Und der Rest ist nicht vorhanden ... Wir entwickeln aus dem, was existiert – CI, Briefinginfos, Markensteuerrad – einen strategischen Leitfaden für die anderen Sinne. Wie wir bestimmte Dinge in dem zu spielenden Format transportieren wollen, hängt auch davon ab, ob das Produkt oder das Unternehmen im Mittelpunkt stehen sollen. Ist es das Produkt, bewegt man sich manchmal mit etwas Distanz vom Unternehmen, und kann ggf. mutiger werden. Bei einem Corporate Event versuchen wir dann, nach eigenem besten Wissen und Gewissen die fehlenden Sinne zu interpretieren.

Riehm: Da darf man unsere Auftraggeber auch nicht überfordern. Ich gebe Ihnen ein kleines Beispiel aus der Praxis: Einer meiner Kunden ist ein hochkarätiger Spezialist, um in so genannten „Klimaschränken" für die Industrie eine ganz eng und klar definierte Atmosphäre zu schaffen. Die von ihm entwickelte Vision und Mission „Atmosafe" sollte den wichtigsten Kunden in einem Event vermittelt werden. Wesentliche Fragen unseres Briefings waren: Wie schmeckt Vision? Wie riecht sie, wie schaut sie aus? Eine Herausforderung, denn eine Vision hat keinen über die Sinne definierbaren Körper, sie lässt sich in Worte fassen, aber Worte sind alle schon einmal gesagt oder geschrieben worden.

Wir haben dann aus den zentralen Botschaften der Vision die Symphonie „Atmotion" in drei Sätzen entwickelt und die Gäste zur Uraufführung eingeladen. Im Vorfeld der Uraufführung gab es alles das, was man von einem Konzertbesuch erwartet: Eis mit heißen Himbeeren, Sekt, Champagner, Gong, das ganze Programm. Allerdings saß der Gast nicht in einem bequemen Polstersessel. Wir haben zwischen zwei gegenüberliegenden Großleinwänden (Leinwand 1 zeigte den Dirigenten, Leinwand 2 das Orchester) eine klassische Orchesterbühne mit vielen Instrumenten, technischem Equipment und Musikern integriert. So standen die Gäste mitten im Geschehen, in einem Bereich, den ich „handgreiflich" nenne. Eine ganz andere Perspektive, eine ganz andere Art der persönlichen Beteiligung. Im zweiten Satz der Symphonie, der sehr experimentell war und akustisch vom Leben und Wirken der verschiedensten Moleküle in einem Klimaschrank erzählte, haben wir dezent Ozon, schwefelige und metallische Aromen in die Atmosphäre eingebracht, um diesen Teil der Botschaft zu verstärken und dem Gast zu suggerieren, er sei jetzt selbst ein winziges Molekül in diesem Klimaschrank. Der dritte Satz der Symphonie war ein sehr rockiges Liebeslied, gerichtet an die Gäste aus 30 verschiedenen Ländern, die munter mitgeklatscht haben und am Ende nach Zugaben schrien.

Wie gehen Sie vor, um auch im Eventformat ein einheitliches Erlebnis für alle Sinne zu schaffen? Wie gestalten Sie z.B. markenaffine Hintergrundmusik, ohne ggf. die CI-Melodie überzustrapazieren?

Osswald: Meist ist kein Budget für eigene Kompositionen vorhanden. Darum geht man sehr pragmatisch mit dem akustischen Element um, richtet sich weniger danach, was zu Unternehmen oder Marke passt, sondern vielmehr zur Atmosphäre des Raums, zu Einrichtung und Licht, und stellt sich die Frage, welches Gefühl man vermitteln will.

Nach diesen Faktoren wird der Sound ausgesucht, denn wenn sich der Gast wohlfühlt, ist er auch offen, Botschaften anzunehmen.

In der Face-to-Face-Kommunikation – unabhängig vom Format, auch am POS oder bei Promotions, wobei man in diesen Disziplinen natürlich direkter kommunizieren muss – tendieren wir immer zu der Empfehlung, den Kunden bzw. Gast nicht mit bestimmten Botschaften zu penetrieren, sondern ihm einfach ein schönes Erlebnis zu vermitteln, denn das konditioniert positiv zum Unternehmen, sodass der Kunde beim Kaufakt automatisch reaktiv an das Produkt denken wird. In diesem Sinne wollen wir eher ein Brand Experience schaffen als eine Marke mitzukreieren. Allerdings gibt es auch ein paar wenige tolle Gegenbeispiele, bei denen in Live-Formaten markenadäquat multisensorisch kommuniziert wird, sodass auch auf die Marke eingezahlt wird. Aber dazu später mehr...

Riehm: Erst muss die Geschichte stehen, dann ergeben sich bei der Inszenierung dieser Geschichte fast schon zwangsläufig alle Momente der multisensorischen Verstärkung der Botschaften. Oder aber man fährt zwei Wahrnehmungskanäle asynchron, z.B. indem man Bild und Ton nicht parallel laufen lässt – Beispiel: auf einer Großbaustelle tanzen 42 Kräne zu Richard Wagners „Walkürenritt". Dann ist das Bild so „ver-rückt", dass es in Erinnerung bleibt.

Markenaffine Hintergrundmusik gibt es nicht, die meisten Marken sind international aufgestellt, und das gilt für Musik nach meiner Erfahrung nur ganz bedingt. Kurze Jingles sind ein ganz starkes Element der Wahrnehmungsverstärkung, John Groves ist da ein wahrer Meister seines Fachs. Wenn aber dieser Jingle auf einer Messe in nervtötender Lautstärke den ganzen Tag rauf und runter gespielt wird, ist der Standdienstmann, der an dieser Stelle einen 9-stündigen Job machen muss, abends reif für die Klapse. Musik muss in die Inszenierung passen oder als Kontrapunkt asynchron eingesetzt werden.

Wo liegt die Wertigkeit, was sind die wichtigsten Parameter der „Licht-Komposition"?

Osswald: Licht ist sicherlich die bedeutendste Komponente für ein erfolgreiches Event. Über Licht und Akustik steuern Sie eigentlich alles. Dieser Aspekt ist bei uns so wichtig, dass wir für jede Veranstaltung einen Lichtdesigner hinzuziehen, denn es handelt sich um ein höchst vielfältiges Medium, z.B. auch aufgrund der neuen LED-Technologien, dessen Einsatz entsprechende Kompetenz verlangt. Zu den Kernfragen gehören: Welche Lichtfarben haben welche psychologischen Auswirkungen? Welche Lichtfolgen und -schnelligkeiten führen zu welchen emotionalen Empfindungen? Es ist unglaublich, wie man Menschen mit diesen Einflüssen emotional steuern kann.

Riehm: In den späten 80er Jahren gab es bei IBM ein sehr interessantes Experiment. Man hat versucht, auf den großen Messeständen mit der Standbeleuchtung den Sonnenlauf eines Tages nachzubilden. Das Ergebnis: Abends um 18.00 Uhr leerte sich ganz automatisch der Stand, weil die Sonne langsam hinter dem Horizont verschwand. Licht ist eines der schwierigsten Themen bei der Inszenierung, da braucht man absolute Profis, denn falsches Licht kann eine ganze Inszenierung komplett unglaubwürdig machen.

Was halten Sie von dem Einsatz von Düften? Wann fänden Sie ihn ggf. sinnvoll und wichtig?

Osswald: Zu diesem Thema habe ich eine zwiespältige Meinung. Ich glaube, Duft ist eine sehr individuelle Geschichte, basierend auf subjektiver Wahrnehmung und Empfindung. Darum reagiere ich mit Vorbehalten auf die Idee, einen bestimmten Duft über eine größere Menge von Menschen ausströmen zu lassen. Ein solches Vorgehen kann auch sehr kontraproduktiv sein. Zudem – wenn Sie an die Raucherdiskussion denken – warum sollen wir jetzt mit einem anderen chemischen „Duft" die Luft belasten? Wenn es sich allerdings um Düfte handelt, die z.B. von den Materialien ausgehen oder einen natürlichen Ursprung haben, weil z.B. ein Grasbereich zum Messeauftritt gehört, finde ich das fein!

Riehm: Ein ganz spannendes Thema. Als wir 1991 bei Siemens erstmals eine richtige Kaffeebar mit verschiedenen Kaffees in unterschiedlichsten Zubereitungen auf dem Messestand eingesetzt haben, ließen wir jeden Morgen und jeden Mittag auf dem Stand Kaffee rösten. Das war nicht einfach, denn kein Messeveranstalter liebt offenes Feuer auf dem Messestand. Aber der Erfolg gab uns Recht, allein der Geruch des frischen Kaffees zog die Besucher magisch auf unseren Stand.

Welche Rolle spielt das passende Catering?

Osswald: Wir entwickeln zwar immer ein spezielles Food-Konzept, das aber im seltensten Fall – ich habe das z.B. noch nie erlebt – auf die Marke oder das Produkt einzahlt, eher auf den Eventanlass. Zu 90% befassen wir uns heute mit dem Themenkomplex „Weltgeschehen": Kulturen, Länder, Globalisierung. Besonderes Augenmerk gilt dabei den Besonderheiten verschiedener nationaler Esskulturen. Zurzeit versuchen wir auch, einen anderen Weg einzuschlagen. Wir stellen gerade ein Food-Konzept zusammen, in dem wir vorschlagen, über Mono-Food zu agieren und dabei über unterschiedliche Geschmäcker und Gewürze auch noch die Sinne anzusprechen. Wir sind gespannt, wie diese Idee vom Kunden aufgenommen wird.

Riehm: Es ist mir in meiner ganzen Karriere noch nicht einmal ansatzweise geglückt, dem Geschmackssinn in einer Inszenierung eine tragende Rolle zu geben. Und ehrlich: Ich stecke da auch keinen Ehrgeiz hinein. Der Geschmack ist der intimste Sinn des Menschen. Wie ich schmecke, weiß nur meine Frau. Wir haben in der Zeit, als wir als Familie am gemeinsamen Esstisch saßen, das Essen immer als heilige Handlung verstanden, die keinerlei Störung oder Belastung verträgt. Ich hasse Arbeitsessen. Erst essen, dann arbeiten, meinetwegen. Ein gutes Catering gehört ins Rahmenprogramm eines Erlebnisses. „Essen mit guten Freunden" – das ist eine ordentliche Botschaft, mehr lässt sich, fürchte ich, nicht transportieren.

So wichtig haptische Eindrücke für die Gesamtwahrnehmung sind, bis auf den Klassiker „in der Dunkelheit Materialien erspüren" scheint dieser Sinn weniger angespielt zu werden – oder?

Osswald: Zumindest fällt es auch bei fehlender Definition des haptischen Sinns nicht so schwer, diesen Markenbereich abzuleiten. Es gibt ja Markenwerte oder ein Markensteuerrad, das sehr gut erklärt, wie das Unternehmen wahrgenommen werden will. Haptische Eindrücke sind extrem wichtig – nicht nur die, die wir bewusst über den Tastsinn, die Finger wahrnehmen. Es geht auch darum, sich Gedanken zu machen, welche Qualität z.B. der Boden hat, welches Erleben wir dem Kunden damit vermitteln wollen. Läuft er z.B. über einen weichen Boden, stellt sich unbewusst das Gefühl von Erholung und Wohlbefinden ein. Zudem versuchen wir, ihn z.B. durch hautschmeichelnde Materialien zur Berührung zu bewegen, anzufassen, zu spüren.

Die Haptik ist auch ein großer Punkt in der Printkommunikation, für die es mittlerweile viele tolle Materialien gibt. Wir haben beispielsweise einmal eine Buchedition als Einladung für eine Eventreihe gemacht und den Umschlag das jeweilige Thema kommunizieren lassen. Für die Station America's Cup Valencia erhielt das vom Kunden gesponserte Team das Buch z.B. mit einem Segeltuch-Umschlag. Wenn wir etwas Angenehmes berühren, beschäftigen wir uns auch damit. Wir würden den haptischen Sinn gerne mehr anspielen, aber auch hier sind meist budgetäre Grenzen gesetzt.

Riehm: Auch das Fühlen ist ein sehr intimer Sinn. Man muss die Distanz zum fühlenden Objekt/Subjekt schon auf unter einen Meter reduzieren, wenn man „handgreiflich" werden will. Aber haptisches Erleben lässt sich relativ leicht in 1:1-Situationen auf Messen einbauen, auch für Produkte, die keinen haptischen Körper haben wie z.B. Versicherungen. So symbolisiert Canada Life, ein anglo-amerikanischer Versicherer, die drei Vorteile seines Versicherungsangebotes durch Jonglierbälle. Bei der Präsentation jongliert der Standdienstmitarbeiter mit den Bällen, die er anschließend seinem Gast in die Hände gibt. Und jetzt materialisiert sich etwas, das er begreifen kann. Die Resonanz auf diese Form der Ansprache war gigantisch. Es gibt schon seit langem ein Unternehmen in Deutschland, die Touchmore GmbH in Remscheid, die auf dem Gebiet der haptischen Verankerung von Botschaften ganz außerordentlich erfolgreiche und ganzheitliche Konzepte anbietet.

Welche Trends herrschen zurzeit im visuellen Bereich vor? Beispielsweise auf Messen oder bei Corporate Events?

Osswald: Wenn sich ein visueller Trend durchsetzen kann, wird er häufig flächendeckend kopiert. Das geht so weit, dass man selbst bestimmte Möbel nicht mehr sehen kann. Was in den letzten Jahren auch sehr verbreitet war, sind von weitem sehr schöne Stände mit abgerundeten Ecken und Weiten in der Fläche, dazu allerdings ein schaler Apple iPod Macbook Style. Ein anderer Trend, den ich insbesondere auch als Mitglied der Adam-Jury für ausgezeichnete Messeauftritte immer wieder gesehen habe, ist „der Mensch im Mittelpunkt". Statt diverser gestalterischer Elemente tauchten immer wieder überdimensionale Menschenfiguren auf. Im Moment versucht man wieder, neue Zeichen zu setzen – eine Phase, die wir als sehr angenehm empfinden. Wir arbeiten zurzeit daran, aus einer kleinteiligen Formensprache wieder ein großes Bild zu schaffen.

Riehm: Das Sehen ist der anonymste Sinn des Menschen: Ich kann sehen, ohne gesehen zu werden. Auch das Hören kann oftmals anonym erfolgen. Zudem sind beide Sinne unsere strapaziertesten. Auf Messen wird der Besucher mit optischen und akustischen Sinnesreizen zugeballert – ein wahrer Sturmangriff auf die Sinne, der am Ende zu einer Verstopfung der Wahrnehmungskanäle und zu Tunnelblicken führt. Gleichwohl, starke, einfache, vielleicht auch mal das Detail betonende Bilder wirken immer, wenn man dem Besucher reizreduzierten Raum gibt, um diese Bilder auch wirken zu lassen. Ich kann mich erinnern, dass wir 1994 einen relativ großen Messestand mit etwa 500qm gebaut haben, der bis auf einen etwa drei Meter breiten Zugang komplett geschlossen war. Damit hatten wir auf unserem Stand alle Fremdreize aus der Halle ausgeblendet, was wie ein emotionaler Reset auf den Besucher wirkte, und wir konnten seine Aufmerksamkeit mit großen, starken Bildern gezielt neu besetzen.

Im Event-Bereich sind Bilder für das Erzählen einer Geschichte unverzichtbar. Hier spiele ich gerne mit den Medien, um Geschichten in unterschiedlichen Zeitebenen zu erzählen, die Gegenwart im Film, die Zukunft findet auf der Bühne statt und der Gast ist live dabei. In diesem Bereich habe ich mit Cadrage aus Schondorf am Ammersee ganz spannende Dinge und wunderschöne Geschichten gemacht.

Ein Vorzeigebeispiel – gerne auch aus Ihrem Hause – für multisensorische Livekommunikation?

Osswald: Unser bestes Beispiel für diesen Bereich ist schon ein bisschen älter. Wir durften bereits drei Mal als Leadagentur den IAA-Auftritt für die Nutzfahrzeuge von Mercedes-Benz gestalten. Der Auftritt auf der IAA 2002 stand unter dem Motto „Moving your Ideas". Neben den visuellen Aspekten haben wir einen sehr intensiven, eigens für die Marke komponierte Sound einsetzen können, sehr schöne

Lichtgeschichten mit interaktivem Touch eingebunden und haptische Elemente integriert – die Marke war in allen Sinnen spürbar, und das haben wir auch zurückgespielt bekommen. Im Fazit haben 98% der Besucher kommentiert, dass sie sich auf dem Messestand der Marke Mercedes-Benz zu Hause gefühlt haben.

Riehm: Da wähle ich ganz bewusst ein sehr einfaches und leicht nacherzählbares Beispiel, auf das ich auch ganz schön stolz bin. Im Spätherbst 2003 fragte mich der MarCom-Chef der Siemens Energy, Günter Baumgartner, welche Inszenierung ich für den Stand auf der Hannover Messe 2004 vorschlagen würde. Thema: Globalität, Energie, Gastfreundschaft zeigen. So kurz und knapp war das Briefing. Zwei Wochen später habe ich ihm mein Konzept mit wenigen Sätzen vorgestellt: Wir machen eine Wasserbar „Acqua Pura" mit Wassern aus allen Ländern der Erde. Warum? Wasser ist das Globalste, was es gibt, es findet sich in allen Ländern der Erde. Wasser ist Energie pur. Und ein Glas Wasser ist die elementarste Geste der Gastfreundschaft in allen Kulturen dieser Welt. Baumgartner sagte sofort: Machen wir. Fang an. So schnell kann Briefing, Präsentation und Beauftragung gehen.

Ich habe dann drei Monate lang zu allen möglichen Quellen und Wassern in Literatur und Internet recherchiert, Quellen und Abfüller in halb Europa besucht, mit Sommeliers zum Thema Wasser gesprochen, der bekannteste deutsche Sommelier, Markus del Monego, hat mir dann den Erlenmeyer-Kolben als ideales Wasserglas empfohlen. Für die Beschaffung der Wasser haben wir einen riesigen Aufwand treiben müssen, eines der Wasser, „Cloud Juice" wurde via Segelboot von Australien, King Island, nach Melbourne transportiert und von dort nach Deutschland geflogen. Am 13. April 2004 landeten 2.808.000 tasmanische bei Vollmond eingefangene Regentropfen in Nürnberg und verwirrten die hiesigen Zollbeamten, die nicht begreifen konnten, dass sich ein paar Verrückte Regenwasser um die halbe Welt fliegen lassen.

Auf der Hannover Messe hatten wir dann etwa 2.500 Liter Wasser aus 125 Quellen der Erde, das war damals die größte Wasserbar der Welt, und einen unendlichen Sack voller Geschichten, die wir natürlich unseren Gästen auf der Messe erzählt haben. Und da passierte etwas Außergewöhnliches: Unsere Gäste tranken kein einfaches Wasser mehr, durch unsere Geschichten, Sagen, Mythen und Märchen zu den einzelnen Quellen war es zu etwas Magischem, Zauberhaftem geworden, dem beim Trinken mehr Aufmerksamkeit, ja sogar Andacht gewidmet wurde als dem teuersten Rotwein. Die Medien kamen, jeder Fernsehsender wollte die Wasserbar in Bild und Ton festhalten, ganze Delegationen von Politikern und hochrangigen Gästen, die Wasserbar war innerhalb ganz kurzer Zeit zum Messegespräch geworden. Ich glaube, mit der Wasserbar ist es mir zum ersten Mal gelungen, in der Hauptsache den Geschmackssinn unserer Gäste in den Mittelpunkt zu rücken. Die Resonanzen und Ergebnisse für Siemens Energy waren unbeschreiblich gut, man erzählte uns, dass Gäste auf dem Stand gewesen seien, die nur wegen der Wasserbar gekommen seien und die man sonst nicht hätte auf dem Stand begrüßen können.

Anja Osswald ist Inhaberin und Geschäftsführerin von phocus brand contact. Die Nürnberger Agentur für Brand Design und Brand Experience belegt Platz 6 des Blach Report Kreativrankings 2011. (www.phocus-brand.de)

Hartmut Riehm ist, nach Leitung der Siemens Messegruppe für den Bereich Industrie, seit Anfang 2001 freiberuflicher Berater für Live-Kommunikation. Seine Schwerpunkte sind erlebnisorientierte und multisensorische Konzepte, die eine Geschichte erzählen. (hartmut.riehm@email.de)

Autoren

Barbara Harbecke ist selbstständige Messetrainerin. Ihr Seminar-, Workshop-, Moderations- und Trainingsangebot konzentriert sich auf das Thema Messen und Ausstellungen. Schwerpunkte sind das Messeprojektmanagement ausstellender Unternehmen und das Training der Messeteams im Vorfeld einer Messe. Die Messetrainings bereiten Standteams auf nationale und internationale Messen aller Veranstaltungsorte in Deutschland vor. Dazu gehören neben Düsseldorf auch Hannover, Köln, Frankfurt, Berlin, München, Nürnberg, sowie zahlreiche weitere Messeplätze. Fachlicher Hintergrund ist ihre Erfahrung aus der Gründung und Führung der Messeakademie der Messe Frankfurt bis 1999. Praxisorientierte Seminare für Aussteller zu entwickeln und dabei auf den aktuellen Stand der wissenschaftlichen und Branchen-Diskussion zurückgreifen zu können, begründet den Erfolg der Angebote. Direkte Anwendbarkeit und kritische Reflexion des Messealltags sichern einen hohen Nutzen und weitreichende Wirkung.

Michael Kolb ist Inhaber von Messe-Infotainer.de. Er entwickelt seit 1996 Messe-Events und Infotainmentlösungen für Firmen wie z.B. GE Healthcare, E.ON Ruhrgas, citel, Jacob, MAN Roland. Er ist Herausgeber einer Podcastreihe mit Interviews zum Thema Messeerfolg und des Onlinejournals: Messebrief. www.messe-infotainer.de; m.kolb@messe-infotainer.de

Michael Geisser promovierte an der Universität Mannheim in Wirtschaftsinformatik und arbeitete für verschiedene Finanz- und IT-Dienstleister in Europa, u.a. für die SAP AG. Hier war er verantwortlich für das Management mehrerer strategischer IT-Initiativen. Eine dieser war die weltweite Einführung virtueller Events. 2009 verließ er die SAP, um mit ubivent einen der weltweit führenden Anbieter für virtuelle Events aufzubauen. Die ubivent GmbH entwickelt und betreibt eine Plattform für virtuelle Events und bietet Services rund um Online-Events, virtuelle Konferenzen und Webmessen an. Mit Kunden wie der BASF, John Deere, Roche, SAP und zahlreichen Mittelständlern ist ubivent Europas führender Spezialist für virtuelle Großveranstaltungen.

Stefan Luppold ist Professor für Betriebswirtschaftslehre mit Schwerpunkt „Messe-, Kongress- und Eventmanagement" an der Dualen

Hochschule Baden-Württemberg (DHBW) in Ravensburg. Dort verantwortet er den gleichnamigen Studiengang. Vor seiner Berufung war er mehr als zwei Jahrzehnte in internationale Projekte der MICE-Industrie eingebunden. Er leitet das von ihm 2009 gegründete Institut für Messe-, Kongress- und Eventmanagement (IMKEM) und ist Herausgeber einer Fachbuchreihe, in der auch dieser Band erschienen ist. Daneben nimmt er regelmäßig Gastvorlesungen, unter anderem in Shanghai, wahr.

Helge Ruff (30) und **Markus Dickhardt** (28) sind Gründer und Geschäftsführer der Social Media-Agentur 1-2-social. Das Unternehmen erstellt Konzepte und Strategien für Unternehmen in sozialen Medien. Für ihre Kunden entwickeln sie interaktive Facebook-Apps im Rahmen von Kampagnen und bieten ihnen auch die umfassende redaktionelle Betreuung ihrer Social Media Accounts. Zum Thema „Social Media und Messen" halten beide Gründer Seminare für namhafte Unternehmen und treten als Dozent an der DHBW auf.

Bettina Timmler hat 2002 die Agentur comm.pass Marketing & Kommunikation in Köln gegründet und berät seitdem schwerpunktmäßig mittelständische Unternehmen der Bau- und Immobilienbranche. Ihr Weg dahin war konsequent: Nach dem Studium der Betriebswirtschaft an der Universität Mannheim war die Diplom-Kauffrau in verschiedenen Unternehmen in den Bereichen Marketing und Kommunikation tätig. Seit über 20 Jahren berät sie Unternehmen bei der Planung und Umsetzung von Messen im In- und Ausland. Durch ein berufsbegleitendes Studium zur akademischen PR-Beraterin vertiefte sie ihr Knowhow. Sie ist Mitglied bei den Frauen in der Immobilienwirtschaft e.V., Regionalgruppe Rheinland, und dort seit Mitte 2011 Regionalleiterin. Ferner ist sie Mitglied beim Deutschen Journalistenverband, Berlin, und Mitglied im Rotonda Business Club, Köln.

Sabine Wegner ist Chefredakteurin des Multisense Instituts, einem Institut für multisensorisches Marketing. Die Gründer des Multisense Instituts haben gemeinsame Wurzeln. Sie liegen in dem Engagement für das unerschlossene strategische Potenzial gegenständlicher Werbemedien, die sich sowohl durch multisensorische Gestaltungsmöglichkeiten auszeichnen als auch Spitzenreiter in der Gunst der Konsumenten sind. Fasziniert durch die Erkenntnisse der Neurowissenschaften und ihre Auswirkung auf das gesamte Marketing, gründeten Olaf Hartmann und Dr. Klaus Stallbaum 2010 das Multisense Institut. Während Hartmann seit 15 Jahren geschäftsführender Gesellschafter einer führenden Agentur für haptische Kommunikation ist, leitete Stallbaum als geschäftsführender Gesellschafter zwölf Jahre einen Verlag für Marketingkommunikation und ist heute im Messebereich sowie der Social Media-Welt aktiv. Das Multisense Institut versteht sich als Wissensplattform und Kontaktnetzwerk für multisensorisches Marketing. Im Mittelpunkt der Aktivitäten stehen die Vermittlung von Wissen und Know-how für die Marketingpraxis. Neben den digitalen Präsenzen initiiert das Multisense Institut Veranstaltungen zum vielschichtigen Themenspektrum des multisensorischen Marketings. Bisher auf dem Programm: Podiumsdiskussionen, Kongresse, Specials, Workshops und begleitende Fachausstellungen.

Schriftenreihe Messe-, Kongress- und Eventmanagement

In dieser Reihe veröffentlichte Titel:

Jörn Raith

Dienstleistungs-Management in Veranstaltungszentren

Vom Raumvermieter zum Inhouse-PCO

2012, 176 S., mit zahlr. Farbabbildungen
€ 28,00 ISBN 978-3-89673-628-4

Wer den Veranstaltungsmarkt kennt, seine Basics im Griff hat, den Kunden konsequent via CRM erschließt und letztlich mit einem Qualitätsmanagement-System zu überzeugen weiß, wird auch als Inhouse-PCO Erfolg haben. Autor Jörn Raith plädiert für ein umfangreiches Dienstleistungs-Management und begründet dies mit entsprechenden Marktforschungs-Studien, aber auch, um die Finanzierung von Veranstaltungshäusern nachhaltig zu stärken. Seine Erfahrungen als Geschäftsführer von Kultur- und Kongresszentren sowie als Vorsitzender des Fachverbands für die Kongress- und Seminarwirtschaft, degefest, hat Raith in diesem Buch zusammengefasst. Veranstaltungshäuser sollen ihr eigenes Dienstleistungs-Portfolio überdenken und ausbauen. Dabei geht es nicht immer nur darum, die dem Kunden verkauften Leistungen selbst zu erbringen, sondern durchaus Fremdleistungen in allen Veranstaltungsbereichen einzukaufen und gebündelt, dem „one face to the customer"-Prinzip gehorchend, anzubieten. Dabei lassen sich die Leistungen externer PCO ins eigene System einbinden, um an Schlagkraft im Markt zu gewinnen. Der Autor, selbst seit 30 Jahren in der Veranstaltungsbranche aktiv, geht auf unterschiedliche Themen mit besonderer Bedeutung für die Kongress und Veranstaltungszentren ein. Begrifflichkeiten wie Umwegrentabilität, Deckungsbeitragsrechnung, Controlling, Kompetenz-Management und Dienstleistungs-Marketing werden dabei genauso behandelt wie die Bedeutung der unterschiedlichen Veranstaltungshäuser, die im Wettbewerb um den attraktiven MICE-Kunden stehen. Ein eigenes Kapitel hat der Autor den Rechtsfragen im Veranstaltungsmanagement eingeräumt, für das er degefest-Verbandsanwalt Martin Leber gewinnen konnte. Darüber hinaus haben bekannte Akteure im MICE-Markt Gastbeiträge zu wichtigen Themen verfasst.

Julia Behrens

Social Media im Destinationsmarketing

Monitoring • Planung • Umsetzung

2012, 126 S., zahlr. Farbabbildungen,
€ 28,00 ISBN 978-3-89673-618-5

Der Inhalt des Buchs vermittelt die Thematik auf verständliche Weise und unterstreicht, wie wichtig die Nutzung von Social Media im Tourismus ist. Neben einer Einführung in die zur Verfügung stehenden Dienste und einem Blick auf das strategische Vorgehen bei der Planung stellen praxisorientierte Beispiele einen Bezug zu möglichen, aufkommenden Fragestellungen her und bieten Denkanstöße für die eigene Umsetzung.

Von zentralem Interesse ist insbesondere die Bewertung der ergriffenen Maßnahmen hinsichtlich ihrer Effektivität und Effizienz. Wie kann das eigene Engagement in Social Media gemessen werden? Eine Antwort bietet die Autorin durch den theoretischen Einblick in das Kommunikations-Controlling und die Darstellung der Erweiterung bestehender Mechaniken zum Monitoring. Unter Berücksichtigung der besonderen Anforderungen touristischer Betriebe werden Handlungsspielräume umrissen sowie Lösungsmöglichkeiten aufgezeigt.

Gerhard Bleile, Cornelius Philipp Blei

Veranstaltungsrichtlinien

Voraussetzungen für erfolgreiche Events

2013, 2., überarb. Aufl., 112 S., mit zahlr.
Farbabb.; € 28,00 ISBN 978-3-89673-638-3

Der Inhalt dieses Buches widmet sich sowohl den theoretischen Grundlagen und Notwendigkeiten von Veranstaltungsrichtlinien als auch der praktischen Handhabung, bis hin zu den wichtigsten Schritten bei der Einführung und Umsetzung im Unternehmen. Veranstaltungsrichtlinien werden in diesem Zusammenhang auch als die Basis für ein konfliktfreies, zielführendes und damit erfolgreiches Arbeiten im Veranstaltungsmanagement betrachtet.

Andreas Balzer

SPRUNG-STEINE

Stressmanagement
für Dauer-Lächler und Service-Asse

2012, 156 S., zahlr. Farbabbildungen
€ 19,80 ISBN 978-3-89673-622-2

In der Dienstleistungsbranche ist der Mensch wesentlicher Teil der Leistungserstellung. Das trifft im Besonderen für die Veranstaltungsbranche zu, wo Dauer-Lächler und Service-Asse die Fäden in der Hand halten und den Ton angeben. Dabei wissen alle, dass die Arbeit in diesem jungen Berufsfeld unangenehme Nebenwirkungen mit sich bringt, die von Anspannung und Überarbeitung bis hin zu Stress und Burnout reichen. Damit Eventmanager, Veranstaltungskaufleute und Angehörige der Veranstaltungswirtschaft davon nicht unvorbereitet überrascht werden, entwickelt der Autor ein auf seine spezielle Zielgruppe hin maßgeschneidertes Konzept. Er legt Sprung-Steine aus, bietet Start- und Landeplätze an, mit deren Hilfe Sie den Umgang mit herausfordernden Situationen lernen können. Dazu eine pfiffige Gebrauchsanleitung für die Umsetzung im Alltag.

Florian Bernard, Stefan Luppold

Mobile Marketing für Messen

Integrierte Kommunikation im
Messemarketing der Aussteller

2010, 128 S., € 28,00 ISBN 978-3-89673-500-3

Noch immer sind Messen das bedeutendste Instrument innerhalb der Unternehmenskommunikation und nicht ersetzbar. Dennoch hinterfragen sowohl Aussteller als auch Besucher verstärkt die zeitlichen und monetären Aufwendungen für Messebesuche. Ein zwangsläufiger Bedeutungszuwachs für das Messemarketing ist die Folge! Innovative multimediale Dienste und die flächendeckende Verfügbarkeit von mobilen Geräten erweitern die Kommunikationskanäle generell. Das vorliegende Buch widmet sich diesen neuen Möglichkeiten und betrachtet sie mit dem Fokus auf die Messeaussteller.

Intelligente und anpassbare Instrumente werden benötigt, die sowohl in den Kommunikationsmix integrierbar sind als auch Messebesuchern einen Mehrwert bieten. Dieses Buch stellt solche Instrumente vor und erläutert sie anhand zahlreicher Methoden und Anwendungsbeispiele.

Frank Billet, Tobias W. Lienhard

Innovative Controllingkonzepte für Veranstaltungszentren

2011, 206 S., zahlr. Farbabbildungen,
€ 28,00 ISBN 978-3-89673-590-4

Veranstaltungszentren müssen nach betriebswirtschaftlichen Gesichtspunkten bewertet, geführt und permanent auf neue Marktanforderungen ausgerichtet werden. Ein flexibles und modulares Modell zum Aufbau innovativer Controllingsysteme, auf Grundlage eines Portfolios von Controllinginstrumenten, kann zu einem ganzheitlichen, auf die individuellen Fragestellungen des jeweiligen Veranstaltungszentrums zugeschnittenen, Konzept kombiniert werden. Die zielgerichtete und wirtschaftliche Ausgestaltung der Informationssysteme bildet dabei einen strategischen Erfolgsfaktor bei der Umsetzung.

Stefan Luppold (Hrsg.)

Event-Marketing: Trends und Entwicklungen

2011, 168 S., zahlr. Farbabbildungen,
€ 28,00 ISBN 978-3-89673-589-8

16 Experten aus Wirtschaft, Agentur und Forschung beschreiben in diesem Sammelband Trends und Entwicklungen, die uns heute und in der Zukunft beschäftigen werden. Globale Live-Kommunikation und kreative Verantwortung, Markeninszenierung im Raum und Storytelling: dieses Fachbuch gibt komprimiert und aus verschiedenen Perspektiven Einblicke in wichtige Themenfelder des Event-Marketing und dessen zukünftiger Ausgestaltung.

Carol Adam, Stefan Luppold

Event-Marketing

im Customer Relationship Management

2011, 102 S., mit zahlr. Farbabbildungen,
€ 28,00 ISBN 978-3-89673-501-0

Wie schaffe ich Kundenbindung? Der starke Wettbewerb und die zunehmende Austauschbarkeit von Produkten vermindern die Wirkung traditioneller Kundenbindungsmaßnahmen.

Dieses Buch zeigt den Nutzen und die Effizienz von Marketing-Events analytisch auf. Durch den gezielten Einsatz von Kundenveranstaltungen kann eine tiefe Verbundenheit geschaffen werden.